ANTON PONCE DE LEON PAIVA

# Y... el anciano habló

## (Relato)

© 1990 Antón Ponce de León Paiva

D.R. © ERREPAR S.A.
Avda. San Juan 960 - (1147) Buenos Aires
República Argentina
Tel.: 27-4394 - 27-5142 - FAX (541) 23-9541 - (541) 361-0177

ISBN 950-739-025-5

Queda hecho el depósito que marca la ley 11723

Impreso y hecho en Argentina
Printed in Argentina

Ninguna parte de esta publicación, incluido el diseño de la tapa,
puede ser reproducida, almacenada o transmitida de manera
alguna ni por ningún medio, ya sea eléctrico, químico, mecánico,
óptico, de grabación o de fotocopia, sin permiso previo del editor.

# Agradecimiento

A Rolando Ugarte Albarracín
excelente hombre, amigo y hermano.

A mis queridos amigos y hermanos
Mario Cutimbo Hinojosa
Washington Echarri Sota
Erwin Salazar Garcés.

A todos los que con simpatía
alentaron este modesto trabajo.

A mis respetables y queridos hermanos
José A. Rosciano Holder
Vlado Kapetanovic
dos conocidos escritores de profunda mística
y sensibilidad humana.
Me honran con su amistad y al prologar este libro.

## Gratitud

Especial gratitud a Regia, mi esposa, por su amor e interés.
Su consideración y tolerancia fueron decisivas
para la culminación de esta pequeña aspiración.

A mis padres Antonio y Otilia, que ya no están...
Su silencio fue un acicate para mí.
Su amor, un ejemplo de servicio.

## Dedicatoria

A los niños y ancianos
que son nuestro futuro...

En mis hijos a toda la juventud:
tiene mucho que aprender de sus mayores.

# INDICE

Prólogo, por Vlado Kapetanovic - Vitko Novi ...... 9
Prólogo, por José A. Rosciano Holder ................ 10
Y... el anciano habló ............................................. 13
Primer día
    Cosmogonía Andina: Inti .............................. 27
Segundo día
    Noccan Kani: Yo soy ..................................... 37
Tercer día
    Los siete rayos .............................................. 45
Cuarto día
    Los siete principios ....................................... 53
Quinto día
    Intic Churincuna: Hermandad solar ............. 69
Sexto día
    Samana Wasi ................................................. 79
Séptimo día
    Iniciación ...................................................... 89

## PROLOGO

Amigo Lector:

Sé que el singular contenido de este libro tal vez le sorprenderá, puesto que trata de las enseñanzas positivas, muy pocas veces escritas.

El autor de "Y... el anciano habló" describe en esta obra la energía y fuerza creadora, afirmando con esto que ha penetrado con su mente en la sabiduría del Universo cósmico, sideral, que alimenta con la paz, altruismo, fraternidad y amor a todos los seres del Universo, y que está al alcance de todos los que tienen el deseo de aprenderla, para saber de lo que no se sabe, descubrir las enseñanzas desconocidas para utilizarlas por el bien de los demás.

Así pues, amigo lector, esta obra con la enseñanza TODO POR LOS DEMAS, merece el reconocimiento general y ojalá el hombre moderno se decida a ampliar esa forma de vida fraternal de paz y amor, para así, eliminar las bombas que penden sobre nosotros.

**TODO POR LOS DEMAS**

Lima, abril de 1987

Vlado Kapetanovic - Vitko Novi

# PROLOGO

Este libro de Antón Ponce de León, en la delicada sencillez de un lenguaje que denota la sabiduría humilde en el Iniciado, es una valiosa herramienta para quienes anhelan buscar la VERDAD de LA VIDA con el sincero propósito de utilizar sus secretos para el Bien de ellos mismos y de los demás. Porque —a pesar de que Antón nos lo presenta como "novela esotérica"— los que lo conocemos a fondo y tenemos el privilegio de su amistad fraternal, sabemos que en estos capítulos se encierra el gran secreto de una maravillosa Misión...

Y es esa Misión la que viene realizando el mandato de un Sublime Maestro, al ir desarrollando el resplandeciente proyecto que lleva el nombre de SAMANA WASI (La Casa del Descanso), con todo el conjunto de sapientísimas enseñanzas de verdad eterna, contenidas en el transcurso de siete días de convivencia iniciática. Esos siete días de pasados años, con tanto amor recordados por Antón, se van cristalizando en la obra creadora de Samana Wasi, como lo hemos podido comprobar ya muchos.

Porque en el correr de las páginas de su emotiva narración, que revela el espíritu ya iluminado en un ser, que habiendo bebido las aguas vivificantes de las principales escuelas esotéricas más conocidas hoy, sigue con filial dedicación y amor el misterioso "camino" que, desde niño, le fuera mostrado por seres que han mantenido a través de centurias, la maravillosa ciencia oculta que normara la conducta y las virtudes de la civilización incaica. Esa civilización tan antigua y tan sabia, conducida por superhombres que participaban de los más profundos secretos de LA VIDA y del COSMOS, vuelve a mostrarse en el curso de las lecciones que el discípulo va recibiendo, hermética y amorosamente, del Maestro Iniciador que no es otro sino uno de los varios eslabones de oro de una esplendorosa "cadena" de sucesores de aquellos famosos conductores del extinguido imperio, de esos poderosos "Hijos del Sol" y de sus brillantes sacerdotes supremos del culto a un dios solar, pero —en realidad— a las verdades eternas de la Vida y del Cosmos...

Y, en efecto, al leer los originales de estas bellas páginas, volví a revivir las horas felices, los días inolvidables pasados en Samana Wasi, junto con Antón y con tres amigos más —amantes todos del estudio de esas mencionadas ciencias— y torné a recordar la euforia y la paz vividas en aquel delicioso rincón del Valle Sagrado de los Incas, tan pleno de belleza natural como de pureza ambiental, que va siendo una realidad cada vez más grande y promisoria. Porque en esas dos semanas que pasáramos allá, semanas que hubiera deseado prolongar indefinidamente, si no hubiese estado impedido por las ataduras que todos tenemos en la vida material de este mundo, pudimos gozar de una felicidad poco común en las grandes ciudades. Ya sabemos —los que hemos viajado mucho— la enorme diferencia que hay entre la agitada vida en las grandes urbes y la vida campesina. Sería redundancia tratar de demostrar algo tan evidente. Pero la experiencia en Samana Wasi es otra cosa.

Para quienes han conocido el valle de Urubamba —a una hora y cuarto más o menos, por carretera, desde el Cusco— llamado "Valle Sagrado de los Incas" por haber sido lugar de vacaciones de aquellos soberanos, es común la alabanza por aquel lugar, debida a la singular belleza de aquella zona, que goza de un clima primaveral todo el año y de paisajes tan hermosos y variados que cautivan al visitante desde los primeros momentos, cuando, antes de bajar de las cumbres por la carretera, puede contemplar desde unas plataformas "miradoras" el espléndido panorama. Pero allá abajo lo esperan amables pueblecitos colmados de gracia, habitados por gentes cariñosas, que abundan en su afán por halagar al visitante. Y, también, casonas de familias con vieja prosapia, llenas de recuerdos y reliquias memorables; y rincones que guardan restos de un pasado milenario o huellas sagradas de aquella maravillosa civilización que acabo de conmemorar.

Y en uno de esos rincones, a pocos pasos de Urubamba, está Samana Wasi, que cumple cabalmente el significado de su nombre en quechua: "La Casa del Descanso". Y vuelvo a ocuparme de ella, por haber sido testigo muy particular de las fuerzas benéficas que allí se irradian. Digo esto por ser ya un conocedor humilde en la materia a que se refieren las numerosas y profundas enseñanzas encerradas en las páginas de este libro; y porque al haber vivido esas horas maravillosas al amparo de sus muros, o a la sombra de sus frondosos árboles y a la orilla de su cristalino riachuelo, que parece dejar sentir el murmullo de juguetonas risas de angelitos, pude captar muy hondo, en mi mundo interno y en el de mis compañeros de estadía, la magnitud del magnetismo tan grande, tan amoroso y vivificante que allí se experimenta, como cumplimiento de la promesa profética del anciano y sapientísimo Maestro que iniciara en las verdades eternas a nuestro muy querido Hermano Antón.

Lima, abril de 1987

José A. Rosciano Holder

## Y... EL ANCIANO HABLO

Han transcurrido más de cuarenta años desde aquel día en que vi por primera y última vez a Yupanqui Puma, descendiente de Tupac Inca Yupanqui, décimo Inca de la Segunda Dinastía, hijo de Pachacutec, coronado Inca a la muerte de éste, según comentaba mi padre. Sin embargo, pareciera que lo hubiera visto apenas hace unas horas tendido en su lecho de muerte. Su imagen llena de luz, imponente pese a su físico envejecido, me impresionó sobremanera.

A la sazón, yo tenía siete años y mis días transcurrían apaciblemente entre el calor familiar y la escuelita Nº 711 donde mi padre era profesor, allí en Urubamba, enclavada en el Valle Sagrado de los Incas. Aquel hogar paterno, ubicado a dos kilómetros al norte del pueblo, tenía una extensión aproximada de dos hectáreas, sembradas de hortalizas, cereales, frutales y pastos para las dos vacas que nos proporcionaban la leche del desayuno, ovejas, cerdos, gallinas y conejos que teníamos.

Era, pues, una granja pequeña; mi madre cultivaba una variedad enorme de rosas y flores en general en su bien cuidado jardín delante de la casa, donde se deleitaban nuestras abejas para ofrecernos luego una exquisita miel.

Cuando cumplí siete años, mi padre, como regalo por mi onomástico, me permitió injertar siete nuevos perales que nos brindaron posteriormente muy ricas peras. Este bello lugar es la sede de lo que he llamado "Samana Wasi", es decir, la casa del descanso, la casa de la paz y por extensión la casa del equilibrio, de la armonía. El Valle Sagrado de los Incas, que prácticamente se desarrolla desde Huambutío al sur hasta Machupicchu al nor-noroeste, se encuentra bañado por el río Vilcanota (nuestros antepasados lo llamaron Wilcamayo: Wilca, sagrado; Mayo, río). Este valle se caracteriza por su agradable clima así como por su multicolor paisaje que fascina a los que tienen la suerte de visitarlo frecuentemente y a los extraños que llegan en busca de paz, de conocimientos y renovación de sus energías para retomar sus actividades cotidianas con mayor fuerza y vigor... Es pródigo ofreciéndonos los frutos de su tierra: manzanas, peras, ciruelas, duraznos, capulí (parecido a la guinda), la exquisita frutilla de la que se elabora una bebida fermentada llamada frutillada; el maíz en sus diferentes variedades, especialmente el blanco que ostenta una calidad que no ha podido ser igualada en ninguna parte del mundo, etc. En este magnífico y variado marco geográfico, un acupunto\* de la tierra, un punto de luz de nuestro planeta bañado por esa columna vertebral que serpentea Los Andes, aconteció mi historia.

Todos los días bajaban de las montañas hasta Samana Wasi, campesinos nativos a recibir las enseñanzas que mi padre les impartía a partir de las cinco de la tarde aproximadamente. Nuestra sala comedor servía para este fin; se sentaban en el piso de cemento y yo me acomodaba en medio de ellos sobre

---

\* Término chino que deriva de acupuntura, que significa punto de energía.

sus ponchos; mi padre encendía cuatro velas (Tawa, palabra quechua que significa cuatro, número sagrado en la cosmogonía andina) delante de la pizarra y empezaba lo que todos los días hacía: enseñar, enseñar con paciencia y cariño, características de él; con mucha comprensión y tolerancia corregía los errores que cometían esas manos agricultoras. "En la medida en que ustedes deseen aprender, aprenderán"; les decía: "Todo depende de ustedes y está en ustedes..." Esta diaria y desinteresada tarea, muy meritoria por cierto, significaba sacrificar sus horas de descanso tanto a mi padre como a los hombres del campo, todos ellos mayores de edad y con familia, que luego de arduas jornadas llegaban sudorosos aún a recibir sus lecciones en aras de superación, y quedó grabada en mi memoria con la claridad de un día invernal en el Cusco, ciudad sagrada, misteriosa y grande como muy pocas en el mundo. Esta escena ya rutinaria no tendría nada de particular si no fuera por un hecho realmente insólito en aquellos tiempos de diferencias sociales profundas y maltrato al indígena, acto que se repetía diariamente. Cuando llegaban abrazaban de una manera muy particular a mi padre, cariñosa y respetuosamente; éste correspondíales de igual forma como cuando dos amigos se encuentran después de mucho tiempo de ausencia, efusivamente, y lo llamaban directamente por su nombre y no como era costumbre en esos tiempos, es decir, "wiracocha, señor o papay". Terminada la lección del día se retiraban todos despidiéndose con el mismo acto ceremonial, esto es, el abrazo cariñoso.

Asomaba la primavera por séptima vez para mí y con ella la vida, cuando a la media noche de un día memorable y triste a la vez, que no olvidaré, escuchamos golpes fuertes en la puerta de la casa; los perros (teníamos dos) ladraron y despertamos todos; mi padre salió de su dormitorio a ver qué ocu-

rría y yo medio dormido aún, tras él; abrió la puerta y nos encontramos con un joven campesino indígena, esbelto y muy agitado; además se le veía muy cansado, y se protegía del frío con un poncho rojo y un chullo (gorro) del mismo color; no lo había visto antes.
— ¿El señor Antonio?, preguntó después de saludar a mi padre.
— Soy yo, contestó éste.
— Yupanqui Puma se está muriendo y dice que vayas de inmediato porque necesita hablar contigo. Mi padre quedó mudo por unos instantes.
— Espérame un momento, le dijo y entró en su dormitorio donde le comentó a mi madre la triste noticia; lloraba como si se tratase de su propio padre.
— Oh, qué pena, dijo ella y se levantó a preparar el viaje.
— Yo también quiero ir, dije.
— No, fue la respuesta de mi padre (generalmente era muy tolerante conmigo, pero esta vez no); sin embargo, insistí tanto que finalmente accedió a mi petición y ensillaron mi caballo.
Partimos de madrugada con dirección hacia las montañas de Pumahuanca, pasando por Chupani (o Pumacchupan —Cola de puma— como también se conoce a esa hermosa meseta triangular, bañada por dos riachuelos que se unen en su vértice: Pacchac y Sutoc, abundante y escaso respectivamente), donde me pareció ver en la oscuridad un gigante que nos aplastaría en cualquier momento, era el cerro llamado Korihuayrachina (donde se ventea el oro) que forma la base de la extraña y muy energética meseta triangular donde existen restos arqueológicos que mi padre visitaba con frecuencia (en una oportunidad lo acompañé hasta la cumbre donde existen construcciones rectangulares muy antiguas. Por la forma de las lajas, Karol Sieberg, investigadora alemana que ha

escrito sobre el Gran Pajaten y las culturas amazónicas, diría que son atlantes o tienen su influencia). Continuamos el viaje hacia Kunkani (cuello) y más allá... No sé si conversaba con Francisco Uñapilco, que así se llamaba el joven campesino, mas me parecía que iban en silencio. De rato en rato giraba la cabeza para mirarme y seguir jalando de la rienda al caballo que iba muy lentamente. Traspusimos varias montañas, vi una laguna muy bonita, vallecitos, algunos ríos (o riachuelos, pero a mí me parecían ríos). Pasamos la noche en una especie de cueva; al día siguiente proseguimos y ya cuando el padre Inti se ponía, al trasponer una montaña, llegamos a ver una aldea pequeña ubicada en otra bella meseta. El caminito de bajada era angosto y peligroso; tenía unos descansos de piedra labrada, me parecían incas, como si fueran miradores, donde nos detuvimos unos minutos. A medida que nos acercábamos escuchamos más nítidamente unos cánticos muy extraños y tristes que me ponían la piel "carne de gallina". Pese al ambiente tétrico, por lo menos para mí, sentí un perfume como de rosas unas veces y otras a flor de retama, pero no se veían ni rosas ni retamas, tal vez la oscuridad de la noche que se aproximaba no me permitía ya ver algo; le comenté a mi padre, que me confirmó sin más explicaciones. El aire estaba perfumado definitivamente y una brisa suave nos envolvía tibiamente. Entramos ya a oscuras a la plaza del pueblo y nos acercamos a una choza de donde salieron unos campesinos que al reconocer a mi padre se acercaron y lo abrazaron en la forma que ya era muy familiar para mí; me bajó del caballo y entró presuroso en ella, yo tras él. En una tarima de palos y cueros, especie de cama, yacía un anciano de cabellos largos y lacios, de tez cobriza surcada de arrugas. Rodeaban el lecho cuatro ancianos parados; las mujeres que cantaban sentadas en el piso de tierra formaban un círculo delante de la cama; los varones sentados sobre bancas de madera pegadas a las paredes. Se veían algunos cuyes (conejillos de indias) caminando entre los pies de éstos; a la izquierda de la puerta de entrada había un fogón con dos ollas grandes de barro donde dos mujeres jóvenes calentaban algo que luego nos invitaron a beber (un mate caliente y agradable); más allá del fogón se distinguía una escalera de palos con los pasos muy envejecidos por el uso y el tiempo, que conducía a un altillo donde se guardaban los alimentos. Cerca de ellas un niño de aproximadamente dos o tres años, vestido con un culi (especie de falda envolvente), distraído mirando a la gente y seguramente ajeno e ignorando la tragedia que vivía todo el pueblo por la postración del anciano. Mi padre permaneció parado en silencio mirando a éste que abrió los ojos pequeños y brillantes, lo llamó con la mano derecha que mi padre agarró con mucho cariño y se agachó para escuchar mejor lo que le decía Yupanqui Puma; lo abrazaba fuertemente, yo sentía que se sacudía llorando mientras lo escuchaba, desde luego yo no entendí nada de aquella conversación. En un momento mi padre puso su cabeza sobre el pecho del anciano, le dio un beso en la frente y se paró: ¡YUPANQUI PUMA HABÍA DESENCARNADO!... ya no estaba; cesaron aquellas melodías que me sobrecogían, hubo silencio, debajo de la cama descubrí un perro blanco lanudo, de buen tamaño, echado, parecía dormido, sin embargo emitía un aullido muy débil, más parecía un quejido de dolor. ¿Presentía la muerte de su amo y amigo?... Mi padre respiró profundamente y salimos de la choza; escuché que lloraban todos sin hacer ruido. La noche afuera estaba bella; el cielo, despejado totalmente, se encontraba tachonado de estrellas... ¡una se movió, descendió un poco, luego se detuvo para moverse nuevamente! Pregunté qué era.

— Es Yupanqui Puma que se fue, ya es libre... Partió en su último viaje, con la alegría del que se va para vivir... —dijo mi padre.

No insistí, se encontraba muy dolido como para explicarme más... Ahora sé qué fue aquello. Quise volver a la choza, mi padre de espaldas a ella me detuvo agarrándome del brazo izquierdo, tal vez para que no viera la ceremonia que se realizaba dentro; sin embargo, giré la cabeza y me quedé estupefacto: ¡la choza se encontraba totalmente iluminada como si estuviera cubierta por una cúpula de luz dorada que me parecía cambiar a violeta y luego nuevamente dorada! Me asusté y le dije que él también mirara; lo hizo, le pareció lo más natural.

— Así es cuando se va un hombre como Yupanqui Puma, me dijo, en pos de su nueva misión, totalmente consciente de la realidad... Algún día comprenderás lo que te digo, hijo.

Miré nuevamente el cielo, la luna empezaba a salir iluminando la meseta como si quisiera gobernar la noche; no se sentía ni la más pequeña brisa, todo parecía inmóvil, un silencio profundo; había en el ambiente paz con una alegría extraña... La estrella que se movió ya no estaba, pero varios de los que se encontraban en la plaza aparentemente orando en meditación interna, miraban el cielo sin hacer ningún comentario, lo que me llamó la atención, desde luego. ¿Siempre acontecía ese fenómeno, que ya les era familiar? ¿Veían con frecuencia "estrellas" que se movían? Indudablemente no estamos solos en el Universo; además había desencarnado un personaje muy importante... Nos alojaron en la choza vecina; no pude dormir pensando que en cualquier momento volvería a escuchar aquellas tétricas melodías, por lo menos eso es lo que pensé. Abrí los ojos y me encontré con la habitación iluminada, creí que había amanecido, mi padre estaba de pie conversando con un hombre parecido a Yupanqui Puma, pero... ¡No pisaban el piso! Me asusté. ¿Qué ocurre, papá? —dije. Nada hijo, nada, sigue durmiendo; me abrazó cariñosamente.

Uñapilco nos despertó de madrugada, pues cuando salimos de la choza se distinguían aún las estrellas, parecían más brillantes. Hacía un poco de frío y ...¡Sorpresa! Montado sobre mi caballo que había ensillado Francisco estaba aquella criatura que vi la noche anterior junto al fogón en la choza donde falleció Yupanqui Puma; desde luego mi sorpresa no pasó desapercibida para mi padre, que me dijo de inmediato:

— Lucas —que así se llamaba— se va con nosotros; lo cuidarás en el viaje para que no se caiga. Me sentó detrás de él dentro de la misma silla, nos cubrió con su poncho y emprendimos el retorno. Lamentablemente no estuvimos en el entierro del cuerpo de Yupanqui Puma, que debió haber sido algo muy especial. Salimos de la aldea sigilosamente; mi padre sostenía con la mano izquierda las riendas del caballo y caminaba lentamente al lado de Francisco Uñapilco, como quien no quiere dejar el lugar. No hablaron durante todo el trayecto o es que yo no escuché. Al atardecer del día siguiente llegamos a Samana Wasi; Uñapilco ya no ingresó, se despidió en la puerta, dio un beso al niño que iba conmigo; a mí me agarró de la cabeza con un gesto cariñoso, lo miré y tenía los ojos empañados; se abrazaron con mi padre y no lo volví a ver más... Cuando entramos a nuestro hogar, mi madre nos esperaba con impaciencia. Mi padre le narró lo acontecido, ella escuchó con mucha atención. Así me enteré de quién era realmente Yupanqui Puma, aquel personaje gigante que sin decirme una sola palabra influyó en mi vida desde entonces. ¿La orientó debidamente o me mostró el camino que debía abrir y recorrer durante este lapso tan insignificante que llamamos vida terrestre y creemos es la única? ¡Qué ingenuos! Yupanqui Puma, un anciano que había visto nacer y morir a varias generaciones, descendiente de la nobleza inca y heredero de la tradición quechua, de su cosmogonía, del Conocimiento Universal, fue un sabio, un maestro, un iniciado, un ¡Illac Uma!, Cabeza de Luz, Mente de Luz, Cabeza Resplandeciente de Sabiduría, jefe máximo de la religión quechua en una escala de siete peldaños que aún subsiste escondida en las chincanas (laberintos) invisibles a los neófitos y profanos curiosos. ¡A quién fui a conocer! ¡Qué honor tan grande e inmerecido el que se me confirió! Los cuatro ancianos que se encontraban parados alrededor de su lecho, eran sus hijos. No se conocía su edad, se decía que podía tener ciento treinta o ciento cuarenta años y el último de sus hijos era Lucas de apenas dos o tres años; extraño, contra todo principio genético; su madre, muy joven, había fallecido al darle a luz y como sus otros hermanos eran ancianos de ochenta y noventa años, le encargó a mi padre su cuidado, protección y educación. Lucas desde entonces creció como el último de mis hermanos. Como me dormía, mi madre me acostó y ellos siguieron conversando. Tantas fueron las emociones vividas esos días que me quedé profundamente dormido; en mis "sueños" recorrí nuevamente el camino andado; en el Korihuayrachina encontré a Yupanqui Puma (no sé cómo llegué a la cima de esa montaña); corrí y lo abracé, cruzó sus brazos sobre mi espalda cariñosamente, me habló de muchas cosas que no entendí y me señaló dos lugares con nevados muy bellos que yo conocía. Luego en otro momento del "sueño" escuché su voz pero no lo veía a él, me dijo: "No intentes volver en busca de este camino porque no lo encontrarás", y así fue...

Siempre me pregunté qué relación existió entre mi padre y este ser tan especial llamado Yupanqui Puma, Illac Uma de una raza de verdaderos constructores de una sociedad nueva, más justa y equitativa, y aquellos campesinos que tan especialmente se saludaban y despedían cada vez que se encontraban con mi padre. ¿Pertenecían a algún grupo fraternal o logial? ¿Qué los unía tanto y tan herméticamente que nadie se enteró hasta hoy? Mi juvenil cabeza empezó a llenarse de infinidad de interrogantes: ¿Quiénes eran mis verdaderos padres? ¿Quién era yo? ¿Realmente pertenecía a mis padres? ¿O era un ser que buscó materializarse en ese hogar para cumplir su misión (como todos) en esta vida? Si existía, ¿dónde estaba Dios? ¿Por qué no me escuchaba? Bullía en mí con mucho calor un sentimiento de profunda religiosidad incomprensible aún, que desesperadamente me indujo a mirar el insondable espacio en busca de una respuesta; sentía miedo de la muerte y me aterraba pensar que podía llegar en cualquier momento sin que yo comprendiera la vida que vivía ahora. Empecé a buscar explicación a mis tempranos y múltiples problemas metafísicos. ¡Tantas experiencias vividas en tan poco tiempo me abrumaban tremendamente! Y busqué la respuesta afuera, en el exterior, sin darme cuenta de que empezaba también a cometer mi primer error... Traté de disipar todas mis dudas durante treinta años, buscando en más de una oportunidad el camino que me llevara hasta aquella aldea donde conocí a Yupanqui Puma, pero nunca pude encontrarlo; por otro lado, mi padre guardaba un hermetismo total. Cada vez que le preguntaba evadía la respuesta que siempre fue la misma:

— Eramos amigos, por eso me encomendó a su último hijo, no existió ninguna otra relación.

Guardó su secreto hasta la muerte, comportamiento digno únicamente de los grandes hombres que saben respetar sus compromisos. Cuando desencarnó, todos sus hijos sentimos mucho su desaparición física, pero ahora sabemos que está bien... En ese lapso (treinta años) ingresé a varias escuelas espirituales, tratando de hallar respuesta a mis incógnitas, claridad para mis dudas que fueron cada vez más numerosas y más importantes. Así conocí a los Rosacruces, Gnósticos, Masones, Antropósofos, Teósofos, etc., etc., que trataron indudablemente de ayudarme. Volvía del extranjero y retornaba a Urubamba, tratando de encontrar siempre el camino que me condujera a aquel hermoso lugar de Yupanqui Puma, sin conseguir mi objetivo.

Un día marcado también como otro hito importante en mi vida, me encontraba en Urubamba (qué novedad) con mis padres y hermanos en casa de mi hermana mayor, gozando de cortas vacaciones; cuando tocó la puerta un muchacho campesino, joven, de veinticinco años aproximadamente, que preguntó por mi padre; cuando salió éste, el joven le dijo:

— ¿Tú eres Antonio?

Mi padre sonrió, le brillaban los ojos de alegría y se abrazaron como cuando yo tenía siete años. Al recordar y observar al mismo tiempo esta escena "el corazón se me salía del pecho". Todas las vivencias de mi niñez, se hicieron presentes; me parecía estar frente a Uñapilco; mi padre muy emocionado le dijo, señalándome:

— Este es mi hijo.

— Sí, lo supuse, es como me dijeron, contestó mirándome.

¡Qué momentos aquellos! Con mucha solemnidad, continuó mi padre, dirigiéndose a mí:

— Hijo, has esperado este momento por mucho tiempo, ya ha llegado. Partirás en compañía de José Pumaccahua a aquellas alturas a las que tantas ve-

ces quisiste volver. Lamento no poder ir yo también... son mis años... No supe qué contestar, estaba demasiado alterado y tenía "un nudo en la garganta", lo abracé fuertemente, creo que los dos llorábamos. ¡Había esperado treinta largos años!
— ¿Cuándo partimos?, pregunté a Pumaccahua.
— En este momento, no debemos perder más tiempo.

Apenas si tuve algunos minutos para alistar mi viaje, agarrar mi cantimplora, una brújula, altímetro (que finalmente no me sirvieron de nada), poncho, libretas para apuntes, etc., y partir despidiéndome de mis padres rumbo a las alturas de Pumahuanca, cuando el reloj marcaba el medio día... Los cerros parecían más bellos y el camino estaba ahí, camino que no hallé durante tantos años; mis ojos habían mirado simplemente sin ver la verdadera senda. Comprendí entonces, que recién había llegado para mí la oportunidad. Quise entablar conversación con José, pero era "tan comunicativo" (sus respuestas, cuando me las daba, eran monosílabos: "Sí, No") que opté por callarme, viajamos prácticamente en silencio; cuando no quería que viera o reconociera algún lugar, simple y muy "democráticamente" me cubría los ojos con un pedazo de tela negra y encima de la cabeza me colocaba el poncho, luego me guiaba agarrándome fuertemente del brazo; indudablemente no debía percatarme de algo; así lo comprendí y con humildad acepté sus órdenes (esos trances me recordaron otros que pasé anteriormente...). Después de un viaje de casi tres días, trepando y bajando montañas, cruzando ríos, durmiendo en cuevas y caminando por "caminos de cabras", llegamos ya entrada la noche a aquella meseta tan querida y buscada que había conocido en mi niñez, con la ropa muy mojada, pues unas dos o tres horas antes de arribar nos agarró una lluvia torrencial. Entramos en la plaza de la aldea y luego en la choza que me habían reservado. Encontramos ahí a una chica joven, de veinticuatro a veinticinco años, atizando el fuego del fogón; saludé, contestó mirándome sin sorpresa, parece que sabían de mi llegada a esa hora; tenía ojos negros grandes y muy brillantes, parecían dos estrellas y le dije sin pensar más: "Chaska ñahui, ¿eh?", se sonrió y salió acompañada de Pumaccahua, que no me dio tiempo a preguntar si vería esa misma noche al sucesor de Yupanqui Puma. Me cambié de ropa y me acerqué al fogón para calentarme, pues sentía frío; volvió la muchacha trayéndome comida y le pregunté cuál era su nombre.

— Llámame como lo hiciste al llegar, me gusta; se fue.

Desde entonces la llamé siempre Chaska ñahui y nunca supe su verdadero nombre; se cruzó en la puerta con Pumaccahua que retornaba para comunicarme que el Jefe de la aldea me recibiría al día siguiente y también salió. Yo no tenía interés de hablar con el Jefe, sino con el heredero y sucesor de Yupanqui Puma; en ese mismo instante entró nuevamente Pumaccahua trayéndome una bebida caliente y aromática, muy agradable, y me dijo como si hubiera recibido mi mensaje:

— Nina Soncco (Corazón de Fuego) es el Jefe espiritual y por tanto Jefe de la aldea, con él hablarás mañana.

Le agradecí por todas sus atenciones y molestias (pues después de semejante viaje seguía preocupándose por mí). La choza me parecía conocida y tuve la sensación de haber estado ahí en oportunidad anterior... Me dormí profundamente, estaba muy cansado.

# Primer Día

**COSMOGONIA ANDINA: INTI**

Cuando desperté estaba amaneciendo, me levanté de mi cama (tendida sobre el piso de tierra) me asomé a la puerta y miré la placita. ¡Qué emoción! No había cambiado nada, más aún, "mi choza" era la misma donde me alojaron en la oportunidad en que fui, siendo niño, con mi padre; al lado estaba la otra donde conocí a Yupanqui Puma. Me aseé en el riachuelo que descubrí detrás de la choza; cuando regresé ya estaba Chaska ñahui con un jarro de leche caliente y tostado de maíz que me había llevado para desayunar; le agradecí y le pedí que me invitara un mate cualquiera o café porque yo no tomaba leche; se sorprendió, se fue riendo y volvió con una infusión muy rica. Transcurrió un lapso breve y llegó Pumaccahua, como siempre muy parco, invitándome a seguirlo; entramos en la choza de Yupanqui Puma. Sentí emoción y gran respeto por el ambiente cálido que se sentía ahí; todas las cosas ocupaban el mismo lugar que treinta años atrás. El fogón, la escalera que conducía al altillo con los pasos más gastados aún, etc.

Estaba viviendo el pasado en un momento presente para mí: el pasado es creación del presente como el futuro también es presente del mañana. Cuando volví de mi abstracción ya no estaba José; seguí recordando escenas vividas en esa choza; miré hacia la puerta y me encontré con una pareja de ancianos indígenas que habían entrado sin que yo lo advirtiera; iba a saludarlos cuando el anciano me cortó la palabra tajantemente en un quechua demasiado expresivo como para no darme cuenta de su enojo; ¡me sorprendió!

— ¿Quién has creído que eres para juzgar a tu padre? Siempre pensaste que a él no le interesaban tus inquietudes, tus preguntas. Tú no sabes las veces que nos pidió que te recibiéramos, pero él, fiel y respetuoso de sus compromisos nunca te comentó acerca de las relaciones que manteníamos; relaciones que indudablemente eran y son muy importantes para nosotros.

Me sentí muy mal, avergonzado por mi actitud un tanto egoísta, creo. Efectivamente, más de una vez pensé que a mi padre no le interesaban mis aspiraciones, mis preocupaciones por investigar las fuentes de la religión de nuestros antepasados, pues cada vez que inquiría con mis preguntas soslayaba la respuesta. ¡Qué mal interpreté su silencio!

— ¿Cómo te atreviste a pensar tan mal de quien te dio la vida física y veló siempre por tu bienestar con demasiada tolerancia? ¿No te parece que fuiste injusto?

En fin, me dijo tantas cosas el anciano que me sentí diminuto a su lado (pese a que era un hombre bajito). Calló un momento, se dirigió hacia su cama, levantó un poncho y lo puso sobre una banca de madera; me pasó luego la mano sobre la espalda invitándome a sentarme; así lo hice, él se sentó a mi lado; la anciana (su esposa) me agarró las dos manos y me regaló una hermosa sonrisa mirándome amorosamente y salió de la choza. Recién en ese momento recibió el saludo que le llevé de parte de mi padre.

— Las cosas no suceden siempre cuando uno las desea —siguió hablando con un tono más amistoso— sino cuando las circunstancias y las condiciones son apropiadas, es decir, cuando el momento es oportuno, no antes ni después..., pero la soberbia nos hace creer que tenemos razón al reclamar.

— Que sea tu primera lección, no prejuzgar y aprender a esperar con humildad.

Creo que en buen romance quiso decirme "no dispares antes de apuntar". Permanecí con la cabeza gacha; como hubo silencio la levanté y me encontré con sus ojos que me miraban con mucha ternura, pero al mismo tiempo muy penetrantes, ojos tan pequeños y brillantes como los de Yupanqui Puma. Se puso de pie y me extendió los brazos, me levanté y me abrazó con mucho calor; correspondí muy emocionado y con profundo respeto le di un beso en la mejilla; se lo veía erguido y fuerte, pese a sus años. ¿Cuántos tenía? ...No sé, pero supongo que pasaba de los noventa.

— El mal momento para los dos ya pasó, me dijo, ahora estás acá con mi permiso y mi consentimiento. He quedado en reemplazo de nuestro hermano mayor muy querido, Yupanqui Puma, a quien conociste cuando eras niño en circunstancias muy tristes para nosotros. Desde que naciste hemos seguido tus pasos por decisión de tu papá y sabemos de ti más de lo que tú conoces. En tierras lejanas te anticiparon algunas de las experiencias que pasarías.

Recordé en ese momento a otro maestro que conocí en la Argentina y que me anticipó efectivamente varios acontecimientos de mi vida futura y que se fueron cumpliendo exactamente. Recuerdo también ahora otros que mencionó, para después... Pero, ¿quién era este anciano llamado Nina Soncco, que hacía honor a su nombre? Porque indudablemente irradiaba calor en sus palabras y su dulce mirada, muy serena; sabía que era otro "Illac Uma"; dialogar con él era otro honor muy grande para mí, pero ¿quién era realmente? ¿Un sabio que me enseñaría cosmogonía andina, tal vez? ¿Una forma de vida, quién sabe?

— Hoy es el primer día de siete que vivirás con nosotros —continuó sacándome de mis pensamientos— y hablaremos primero de INTI (Sol) para mejor comprensión de todo lo que trataremos estos días.

Así inicié una semana de conocimientos y reflexiones; una semana en la que descubrí (por lo menos lo fue para mí) quién era realmente Inti, el dios de nuestros antepasados. Había leído a varios de nuestros historiadores, investigadores desde luego muy bien intencionados y acreditados, tanto nacionales como extranjeros; sin embargo, es poco lo que se ha escrito sobre religión andina; muchos la soslayan tal vez porque aún no se conocen los mitos más importantes que están bien escondidos y temen hablar de un tema que no conocen. Franklin Peace, investigador profundo de nuestra historia, refiriéndose a la cosmovisión andina en su importante libro "El Dios Creador Andino", manifiesta lo siguiente:

"Las crónicas cusqueñas permiten apreciar una relación directa entre la creación que realiza Wiracocha en su tiempo primordial y el mito de origen solar del Tahuantinsuyo con Manco Ccápac y Mama Ocllo, fundadores del Cusco". Continúa este reputado investigador: "Las crónicas cusqueñas nos hablan de una creación primordial por Wiracocha, quien creó inicialmente el Cielo, la Tierra y una generación de hombres que vivían en la oscuridad. Esta primera presencia del dios está ya relacionada al lago Titicaca del cual emergió. Luego desaparece el creador (¿se va al Cielo?) y los hombres que aún no conocían la luz, pecan contra él. Esta primera caída provoca una nueva aparición creadora de Wiracocha, quien vuelve a salir del lago sagrado y destruye a la humanidad originaria, convirtiéndola en piedra y hace también de piedra las estatuas con forma humana que se encontraron en Tiahuanacu. Estas estatuas son los 'modelos' de la nueva humanidad que Wiracocha hizo salir del subsuelo (ríos, manantiales, cerros, árboles, etc.) en las cuatro direcciones del espacio."

Junto con los hombres, Wiracocha creó la luz haciendo subir al Cielo, al Sol y a la Luna. Creó también a los demás astros y a los seres mitológicos. Otros investigadores de la historia peruana, entre ellos los doctores Luis E. Valcárcel, José Sebastián Barranca, Max Uhle, Julio C. Tello, aseguran que los antiguos peruanos tuvieron varios dioses: Kon, Pachacamac, Wiracocha, Inti, entre los principales. El Padre Acosta, en cambio, como el autor norteamericano Guillermo Prescott son de la idea que tuvieron un solo dios espiritual: Pachacamac (Hacedor del Mundo), a quien llamaban también Pacha Yachachic (Causa del Universo) o Usapa (el Ser Admirable), creador del Universo, incorpóreo, alma del mundo. El mismo cusqueño de aquella época, el Inca Garcilaso de la Vega, en sus estudiadas y conocidas obras asegura que sus nobles antepasados fueron monoteístas. Los primeros estudiosos mencionados más arriba, el doctor Valcárcel, por ejemplo, dicen que los tres últimos sufrieron la influencia de la religión católica impuesta por los conquistadores españoles y que por eso plantean la hipótesis de un solo dios. Otros autores afirman que Wiracocha y Pachacamac son en última instancia el Sol, es decir, Inti.

Nina Soncco decía: "Nuestros antepasados tuvieron muchos dioses menores, pero el dios grande fue Wiracocha que creó a Inti, el dios Sol como su manifestación física, dador de vida, generador, creador. Al sentir la presencia física de éste y su bienhechor calor que daba luz y vida, olvidaron al verdadero padre, pasando aquél a ser el dios principal." Con esta aclaración continuó su charla:

— Vive en cada uno de nosotros, somos él mismo, por eso somos también creadores nosotros. El Inti que vive dentro de cada cuerpo humano es completo y a la vez parte del Inti Universal (¿del Inti cósmico?, ¿de Wiracocha?, ¿de Dios?) y se manifiesta cuando el hombre (varón o mujer) toma conciencia de:
1. Qué o quién es.
2. Qué es la vida.
3. Qué pretende de ella.

Esta tríada de incógnitas es la primera clave que debe dilucidar el que desee superarse en esta vida, en cualquier actividad o buscar su crecimiento espiritual. De esta manera podemos comprender claramente el camino a recorrer para lograr nuestros objetivos. Esta chispa divina que somos en esencia y que se encuentra encerrada en una jaula que es nuestro cuerpo, templo de un Dios (el único templo que no podemos cambiar, por eso hay que cuidarlo y respetarlo) debe exteriorizarse, manifestarse iluminando todo el cuerpo desde el centro del tórax donde está ubicado hasta la última célula que tomará conciencia de su realidad, es decir, de su misión. Así el cuerpo funcionará armónica y equilibradamente con nosotros (¿con Inti o el espíritu de que hablan todas las religiones?).

Detrás de este Sol que nos alumbra está pues otro Sol, oscuro, pero que brilla con su propia luz y que no lo podemos mirar. El que vemos es únicamente su manifestación física; ese otro Sol es ¡Wiracocha! el dios de dioses, el verdadero Sol. Este creador, el dios Inti, se mostró alguna vez a los hombres con apariencia humana, esbelto, de cabellos largos ondulados y blancos como su vestidura, cuyo brillo no permitía abrir los ojos y de larga barba también blanca como su piel. Se presentó así, pero... El no era así... Luego de un breve silencio suspiró profundamente, me miró, sonrió; yo estaba totalmente abstraído "viajando" por mundos desconocidos del pasado. Habían transcurrido varias horas, sin embargo me parecieron breves; el tema era muy importante y él lo hacía tan interesante que no me di cuenta del tiempo transcurrido. Almorzamos juntos sentados sobre piedras en la puerta de su choza, contemplando el enorme pisonay\* de la plaza, cuyas flores rojo-amarillentas caídas semejaban una alfombra hermosa, sobre la que reposaban niños protegiéndose del fuerte Sol bajo la sombra de este árbol centenario. Estuvimos muy bien servidos por Chaska ñahui; tengo la impresión de que ella atendía también a la pareja de ancianos; una muchacha muy linda, esbelta, de piel cobriza color capulí y unos ojos negros grandes que impresionaban, cabellos largos amarrados en dos hermosas trenzas. Este Illac Uma, llamado Nina Soncco, ¿quién era?...

— ¿Quieres saber quién soy? Fue la respuesta sonora que me sacó de mis aparentemente secretos pensamientos, él leía las ideas que se iban gestando en mi mente.
— Así es, le respondí.
— Mañana hablaremos de eso. Vamos a reunirnos únicamente medio día, porque debo atender otras responsabilidades, salvo el último que estaremos reunidos todo el día hasta la noche.

\* Arbol típico de la región.

Le agradecí y me retiré a la choza; antes pasé por el riachuelo que corría detrás de la misma, para refrescarme; el agua helada que bajaba de los nevados cercanos era agradable. Dejé cerca de mi cama la libreta en la que tomaba apuntes y salí a recorrer el campo donde aún trabajaban los nativos, muy alegres y bromeando; me invitaron chicha (bebida inca hecha de maíz germinado y fermentado). ¡Qué bien me cayó!, pues hacía mucho calor. En estos meses de verano, la temperatura sube bastante pese a las frecuentes lluvias; tomé dos caporales, chicha exquisita, conversando con ellos mientras descansaban. Uno de ellos aproximadamente de mi edad comentó que su padre había ido varias veces a Samana Wasi y que conocía al mío; le había enseñado a leer y escribir; aproveché esta coyuntura para preguntarles de Yupanqui Puma y sobre Nina Soncco; hubo un breve silencio, me miraron seriamente; uno de ellos, el que me habló de su padre, dijo que recordaban con mucho cariño y respeto a Yupanqui Puma; muchos de ellos no llegaron a conocerlo personalmente, pero sabían que sus padres pasaban muchas horas conversando con él, dicen que era un santo, hacía cosas maravillosas y extrañas, nuestras madres hablaban con un poco de miedo porque a veces lo veían caminando por el aire o en diferentes lugares al mismo tiempo; que curaba a mucha gente con sus manos. No podías pensar mal porque él adivinaba tus pensamientos, nadie le mentía, ayudaba mucho a nuestro pueblo; venían de lugares lejanos a verlo y esperaban días para que los atendiera: era muy bueno con todos, sin embargo, severo también cuando cometías faltas.

— Me imagino, dije interrumpiéndolo, Nina Soncco es igual.

— Claro, contestó, es su sucesor; habrás cometido alguna falta, por eso te ha llamado la atención. El también sabe lo que piensas y conoce nuestras vidas. Un año antes de que muriera Yupanqui Puma, vivió a su lado sirviéndolo y dicen que le enseñó muchas cosas; ahora él también tiene a otro por un año, es el papá de éste (señaló a uno de sus compañeros, que se sonrió muy complacido): Nina Soncco pronto se irá al lado de Yupanqui Puma...

No pude ocultar mi entusiasmo e interés y me acomodé mejor sobre el tronco donde estaba sentado, y como intuyendo mi pregunta, dijo:

— Tú quisieras hablar también con él ¿no? Pero eso no es posible; tiene orden de no hablar con nadie por un año pase lo que pase. Después de que muera Nina Soncco recién se reunirá con todos los ancianos de la aldea y luego nos recibirá a nosotros.

— Realmente sería muy interesante conversar también con él, futuro sucesor de Nina Soncco, pero si hay esa orden y costumbre, pues habrá que respetarla, dije y me levanté; sentí que todos ellos ya deseaban retornar a su trabajo; me despedí y volví a la pequeña aldea; me senté cerca al viejo pisonay a ver cómo jugaban los niños. La tarde iba llegando a su término y yo había iniciado un hermoso día, muy importante en mi vida. Escuché la voz de Chaska que me llamaba, pues respetando mis costumbres muy occidentales me prepararía diariamente el desayuno, almuerzo y cena. Esta vez me ofreció un rico charqui (cecina) con olluquito (papalisas)* que estuvo muy delicioso, además sentía mucha hambre. Se marchaba cuando le pedí que se quedara a cenar conmigo, pues nunca me gustó comer solo; accedió e iniciamos una conversación, que parecía sería muy trivial; sin embargo, luego de indicarme que tenía cuatro hermanos, tres varones y una mujer menor,

---

* Tubérculo de la familia de la papa.

me comentó que su papá no trabajaba ni vivía con
ellos por ahora: estaba ocupado por un año en algo
muy importante...
— ¿No será que está al servicio de Nina Soncco?,
pregunté.
— Sí, me dijo sorprendido, ¿quién te contó?
— Hace unas horas estuve en la chacra donde están
trabajando y conocí a uno de tus hermanos. Así me
enteré de que no se puede hablar con él.
— Ni siquiera lo vas a conocer porque cuando viene
gente extraña se va a otro lado, generalmente a una
choza que hay más allá, en el campo, donde espera
hasta que Nina Soncco lo llame. Solamente mi mamá
está con él y yo tengo que atender a mis hermanos,
cocinar, limpiar, arreglar y atender a Nina Soncco
también, porque como has visto ya son viejitos.

Fue una conversación muy interesante; se retiró y
me quedé solo en compañía de un sinfín de ideas,
dudas, interrogantes, que necesitaba ordenar para el
día siguiente. El calor que salía del fogón entibiaba
todo el ambiente, así que me metí en la cama y a la
luz de una vela realicé algunas anotaciones. Mientras escribía me daba la impresión de que estaba
acompañado, no veía a nadie pero alguien me miraba... La vela se acababa, decidí dormir...

# Segundo Día

**NOCCAN KANI: YO SOY**

Indudablemente los Apus (Deidades andinas protectoras) estaban de mi parte: me obsequiaron con un amanecer brillante lleno de sol, un cielo azulado donde no se veía una sola nube. Distante pero con mucha claridad se escuchaba el inconfundible trinar de una calandria, dueña y señora de las alturas, que generalmente se ubica en las ramas más visibles de los árboles para que todas las demás aves se callen y la escuchen... Era pues el inicio de un día lleno de vida, de calor, de amor y para mí muy especial: el segundo de un sueño que duraría siete días. Esta vez desayuné con una lahuita (mazamorra) muy rica y caliente de moraya (papa helada) con papas y carne, desde luego servida en un pucu (plato hondo de arcilla); seguidamente una taza de café, mejor dicho un jarro que me alcanzó Chaska. Se fue obsequiándome nuevamente una sonrisa como el día anterior; le pedí que por las tardes me acompañara siempre y cenáramos juntos; aceptó.

Mientras esperaba la llamada de Nina Soncco revisé mi libreta para ver si había anotado debidamente todo lo que escuché; cuando terminé levanté la vista y me encontré con él parado en la puerta mirándome, detrás suyo se distinguía nítidamente una luz color violeta muy suave. ¿Era la luz del día que entraba con él en la choza o qué era?... Me puse de pie para saludarlo, me contestó con un movimiento muy particular y simbólico de sus brazos y manos. Se dio vuelta dirigiéndose hacia su choza, lo seguí; después de invitarme a que me sentara, me dijo:

— ¿Tú quieres saber quién soy? Bien, simplemente te diré: "¡Noccan Kani!" (Yo Soy). Cuando comprendas, asimiles y seas consciente de ello, vivirás plenamente en libertad y serás tú mismo... Porque tú también eres "Noccan Kani". Luego conocerás "¡P.K.!"... del que no hablarás a nadie: la humanidad de ahora debe conocer y practicar el "Noccan Kani" para crecer; lamentablemente la mayoría no tiene interés en salvarse y pasará su vida por la Tierra sin trascender. Esta es su oportunidad, ésta es tu oportunidad, aprende y enseña. Tienes que ser tú mismo como Yo Soy, así (se puso la mano en el centro del pecho, sobre el esternón).

No sabía si reírme o qué actitud tomar, no entendí nada. Se dio cuenta de inmediato de mi confusión y con mucha dulzura y comprensión continuó hablando:

— Generalmente el hombre que se conoce más o menos externamente cree que es eso, su cuerpo físico, y se olvida o no sabe que dentro de ese cuerpo está él, o sea, Inti (¿espíritu?). Yo soy hijo de Inti como toda criatura de la Creación, por eso Inti está dentro de mí y yo soy Inti. Inti es inmortal, es lo que sobrevive a la muerte. El cuerpo físico muere y se descompone, yo (¿Inti?) me voy al Hanan Pacha o Ajay Pacha (la tierra del más allá); entonces lo real es Inti que no cambia, ése Soy Yo... Por eso te digo, yo soy lo que soy en esencia: Inti, y tú eres también lo mismo, solamente que no lo sabías hasta ahora. Hay que tomar conciencia de este Principio que es la única Verdad y tu vida cambiará profundamente; es decir, Serás Tú Mismo y tus actitudes serán mucho más positivas en todas las actividades físicas, psíquicas, de relaciones y espirituales que tengas. Es importante, pues, que seas lo que en el fondo de tu Ser Eres y no lo que aparentas ser; ya es tiempo de Ser lo que se Es... Así serás libre conscientemente y estarás en todas partes. Ser es estar en el Todo; el tiempo y el espacio desaparecerán; tu pensamiento te llevará adonde quieras ir; donde esté tu pensamiento ahí estarás tú. Es importante que ocupes tu sitio para ser feliz. Cuando Seas conocerás el libre albedrío y Sé cuanto antes, si no esta realidad de lo que Eras, Eres y Serás seguirá no siendo consciente y vivirás esclavo sin libertad...

¡Padre!, dije para mis adentros, ayúdame, manifiéstate en todo lo que haga. Necesito entrar en el silencio para escucharte o para escucharme, ya no sé; pero sé que mientras mantenga la atención, tomarás forma y vendrás a manifestación... Estás dentro de mi corazón. Eres la esencia Crística en mí, eres la Verdad en mí y Yo Soy Tú, pero... ¡Qué estoy diciendo...!

En ese momento me di cuenta de que Nina Soncco había callado y escuchaba seguramente mis pensamientos, sonrió y dijo:
— Es la Verdad, necesitas tomar conciencia de esta Realidad y entonces estarás protegido y lo que quieras te será dado. Tu Inti o como quieras llamarlo se manifestará, sentirás su Fuerza y su Poder. Cuando recibas sus mensajes podrás llevarlos a la práctica para bien de todos tus hermanos. Estate atento a toda visión que te venga: todo lo que eleva, todo lo que

libera, todo lo que une viene de Inti (¿Dios?) y es bueno, no necesitas de otro consejero... Tu vida es muy importante, tu salud física y psíquica son muy importantes, tú eres muy importante. Así que primero eres tú, después los demás y lo demás. Esto que te digo no es egoísmo, ya que si tú estás bien irradiarás ese bien a los otros y todos se beneficiarán. Hemos venido a esta Tierra a ser felices y debemos serlo pese a quien pese, con todos nuestros problemas, defectos y dificultades, debemos aprender a caminar sonriendo y pensando que esta experiencia es para nuestro crecimiento; así, comprendiendo, sufriremos menos. Tendrás bienestar físico, emocional, mental, espiritual. Lo que tú desees se manifestará. Si quieres vivir en la limitación así será tu vida; si quieres estar enfermo, enfermarás; si te conformas con medio pan no tendrás posibilidades de tener más; si emprendes una actividad negativamente, el resultado será negativo. Yo Soy la Perfección y sin orgullo, con mucha humildad, acepto esta Verdad que es Inti dentro mí, mejor dicho, dentro de este cuerpo. Todo Poder, todo Amor, Yo Soy esa presencia de Vida. Comprende y luego enseña a tus hermanos a descubrir esto que es Luz con quietud y paz.

Verás cómo el deprimido, el dolorido, el pesimista, el enfermo, superan sus problemas y se realizan. Es la mejor cura para sus mentes, sus sentimientos y sus cuerpos. Si permites que eso que Eres crezca dentro de tu cuerpo cada día más y más, verás que se hace visible a los ojos de los demás como un aura radiante en torno tuyo. "Noccan Kani" es lo único que existe. Es el centro desde donde puedes ser justo, equilibrado, armónico. Ubícate siempre en el centro, los extremos hacen daño y pueden llevarte al fanatismo. El político antes de iniciar sus actividades debiera pensar fundamentalmente en esta Realidad que tiene la fuerza necesaria para imponerse a cualquier escrúpulo sectario, temor o reserva de grupos humanos diferentes; no a la derecha ni a la izquierda, en el centro, ésta es la Verdad. Empléala en todos tus actos y enseña a usarla.

— ¡Claro!, dije interrumpiendo entusiasmado: el verdadero nombre de Dios, dado por El mismo a los hombres es "Yo Soy" y está en la Biblia, Exodo 3:13 - "Yo Soy"; "Sois dioses", dijo Jesús, según el Evangelio de San Juan 10:34.

— En la medida en que realices tu práctica reflexiva, tus falsas creencias irán desapareciendo para que tu Ser Real que eres tú mismo, vaya aflorando a la conciencia sin limitaciones —dijo Nina Soncco—. Así aprenderás también a no criticar, no juzgar, no condenar y te abstendrás para que a nadie hiera tu palabra o sentimiento; serás gentil, tolerante, comprensivo, respetuoso y hábil para entender a los demás. En tu cuerpo que es un templo, estás Tú, Inti inmortal, llama de vida eterna; tienes que identificarte ya con lo que Eres. Es tiempo para que seas libre, no debes conformarte con seguir siendo uno más. Estás donde está tu pensamiento; haz que éste se ocupe de lo que Eres y Serás. Tú no eres el nombre que tienes ahora, aunque tu nombre y apellidos son importantes y tienen su sonido particular; pues cada niño trae en sus electrones una frecuencia vibratoria que tiene mucho que ver con su nombre. La madre "siente" esta vibración que se graba en su mente y le pone el nombre que le corresponde en esta encarnación. A veces el orgullo del padre o de la familia hacen que se le ponga otro nombre y entonces el niño sufrirá toda su vida tropiezos, frustraciones, desequilibrios, desarmonía; un grave atraso para el individuo que generalmente no tolera más y se cambia de nombre, restituyendo así su encarnación al camino adecuado para cumplir su destino. El nombre más importante que tuviste en las tres últi-

mas encarnaciones fue I.A. Uma que significa... Recién lo conoces ahora; tiene mucho que ver con... el inmediato anterior fue Z, porque naciste en la ciudad de Bihar o Behar, no veo muy claramente, cerca de un gran río sagrado para otra gente (¿el Ganges en la India?). Ahí viviste hasta los siete años con tus padres y dos hermanos, un varón mayor y una mujer menor tuya; luego se fueron al norte a la ciudad de Jullundur (¿?). Ya joven dejaste el hogar para ir más al norte, a un territorio lejano y extraño, donde conociste a Y.I. con quien viviste un tremendo drama que impactó vuestras vidas hasta el presente, tanto que los dos recuerdan esta historia... ¿Se volvieron a encontrar, verdad?
— Así es, maestro (desde este momento le di ese nombre), le dije muy sorprendido. Efectivamente en forma muy "casual" nos conocimos en Lima y cuando le narré el "sueño" que repetidas veces tuve se le saltaron las lágrimas de los ojos a este hombre de edad madura, que me interrumpió para continuar él la historia que ambos conocíamos y habíamos vivido juntos aproximadamente hace dos mil años en el Asia... ¡Qué emocionante fue ese momento en que nos conocimos!
— Ahora sabes quién eres —continuó Nina Soncco, el maestro— no un cuerpo ni un nombre simplemente, que desde luego son importantes para tu manifestación física, sino algo más grande; algo que debes hacer consciente a través de tus sentimientos, de tu mente, de tus cuerpos.
— (¿Etérico, físico, astral, etc.?)
— En todos tus asuntos para lograr paz y armonía que tus ojos vean siempre lo bueno, que tus oídos escuchen siempre lo positivo, que tus labios hablen siempre lo justo, que tus manos sirvan siempre para sanar; que tu cuerpo esté presto siempre a servir como instrumento para llevar el mensaje que ya cono-

ces a todo el mundo. El Inti se manifestará pero no precisamente como cree la mayoría que está esperando; tú ya escuchaste, presta atención, comenta a tus hermanos en tal forma que el que te oiga lo comprenda y acepte, si no es así, ¿qué importa repetirlo todas las veces que sean necesarias? Están en peligro únicamente aquellas personas que no desean levantarse y volver a empezar... No pierdas una sola oportunidad, vive con entusiasmo, plenamente, sin depresiones y no permitas que alguien viva deprimido. Hemos venido a ser felices y debemos serlo. Que cada día sea una fiesta, vive gozándola pese a tus penas, dificultades, etc. La vida es la expresión máxima de la existencia y debemos aprender a cambiar lo malo en algo bueno, la tristeza en alegría; hay que romper las cadenas que nos atan al negativismo.
— (¿Se refiere a la transmutación?)
— Todo será posible si tomas conciencia de tu real identidad. Seguramente por ahora no sabes de lo que eres capaz, del poder inmenso que hay dentro de ti. Cuando lo descubras vivirás la verdadera Realidad: "Noccan Kani"...

Luego empezó a murmurar muy suavemente una melodía que resultó ser un mantram que me estremeció. Me pidió que intentara repetirlo con él, así lo hice varias veces. Fue otra enseñanza que aún hoy la uso en silencio para ayudar. Cada vez que lo pronuncio internamente me parece escucharlo y cada vez que lo repito sonoramente es su voz la que me acompaña.

Almorzamos juntos en el mismo lugar del día anterior, luego me retiré agradeciéndole por sus enseñanzas con más respeto aún. Indudablemente estaba frente a un maestro. ¿Qué sorpresas más tendría los próximos días? ¿Podré comunicar debidamente lo que estoy escuchando? ¿Me creerán? Hacía estas reflexiones mientras dirigía mis pasos hacia el riachuelo ubicado detrás de la choza. El agua que corría era tan cristalina que dejaba ver en el fondo de su cauce multicolor, piedras de diferentes tamaños; me senté en la orilla a contemplar cómo serpenteaba entre las chozas hasta perderse y cómo se distraían los niños saltando de una orilla a otra. Me distraje toda la tarde y hasta participé en un juego con ellos, tiramos hojitas en el agua semejando lanchas en competencia. ¡Cómo gozaban siguiendo la carrera!, desde luego yo también me sentía feliz viendo la alegría de ellos y compartiendo su euforia hasta que Chaska apareció para recordarme la hora; los niños deseaban continuar el juego pero ya era tarde, así que les ofrecí proseguir al día siguiente. Cenamos juntos como estaba pactado y le pregunté cuál era el nombre de su padre.

— Como Yupanqui Puma, me dijo.

— Es que yo no sé cuál era el nombre de él, repliqué.

— Tú quieres que te hable de mi papá, no puedo hacerlo, lo más que te diré es su nombre: "Amaru".

— ¡Qué nombre tan simbólico!, pensé, espero tener la oportunidad de conocerlo en otra ocasión, le dije; no me contestó. Se levantó y me invitó un mate muy agradable servido en un jarro, luego se marchó; le agradecí por la comida y la compañía. Me quedé unos minutos contemplando el fuego del fogón que entibiaba todo el ambiente; luego me puse a ordenar mis ideas lo mejor que pude. Tenía una noción vaga del importante y trascendental tema que había tocado durante la mañana Nina Soncco. Necesitaba reflexionar mucho para comprender con claridad la extraordinaria visión de este maestro quechua. Tenía sueño y la velita se estaba consumiendo totalmente; así que decidí dormir.

# Tercer Día

## LOS SIETE RAYOS

Me levanté muy temprano, antes de que el Padre Sol saliera a gobernar y dar vida a este nuevo día que se avisoraba bello como el anterior y desde luego sería muy productivo. En mi caminata encontré a varios campesinos rumbo al campo cantando unos y silbando otros; me saludaban muy familiarmente, lo que me satisfizo, pues supuse que ya no me consideraban un extraño. Qué agradable es el capulí de madrugada (bueno, es riquísimo a cualquier hora), conserva el rocío de la noche y el frío del amanecer. Ya se presentía la aparición del sol; a sus primeros rayos levanté los brazos como me habían enseñado y me puse en la posición del hombre en oración para agradecerle por haberme brindado esta oportunidad y saludarlo con el respeto y cariño del hijo al padre. Se respiraba un aire lleno de vida, de energía.
— A estas horas el aire siempre está cargado de mucha energía, hay que respirar profundamente. —Escuché la voz de Nina Soncco que había estado detrás de mí observándome; lo saludé.

— En estos lugares todavía respiramos aire puro, la gente de las ciudades debiera salir al campo con frecuencia para que sus pulmones reciban una dosis de vida.

— (¿Se refería al éter, prana?) Volvimos a la choza donde encontramos a su mujer y Chaska que calentaba algo muy rico en el fogón. ¡Una sopa de papalisas! La verdad es que a mí me gustan mucho las papalisas; le dije que había adivinado mis gustos para las comidas. Comimos y tomamos café bien caliente, el jarro quemaba; luego se fue Chaska acompañando a María (que así se llamaba la esposa de Nina Soncco).

— Existen dos caminos por los que transitamos todos en esta vida, el primero tiene colores definidos y existe desde que el hombre apareció en el planeta. El otro lo formamos cada uno individualmente en el momento en que nacemos y le ponemos el color de nuestras acciones. Ccanchis (siete) es número mágico, sagrado y se manifiesta en todo lo que trasciende, está formado por Tawa (cuatro) y Kimsa (tres) que también son números sagrados. Así es como el primer camino tiene siete colores y nosotros pertenecemos a un color de este camino que determina nuestro carácter y nuestro modo de ser, de tal manera que cuando aprendas a ver, tendrás idea de cómo es una persona. Ahora vendrán siete campesinos pertenecientes a un color determinado para que los observes, distingas y encuentres la diferencia que existe entre cada uno de ellos.

— (¿Se refería este maestro a los Rayos que yo había estudiado en otras Escuelas?) Efectivamente existen siete y cada hombre pertenece a uno, es decir, a un tipo de energía, a una corriente de fuerza que proviene de Inti.

— ¿Logos?; cobramos existencia en uno de los siete grandes Rayos de Vida, que nos caracterizan indivi-

dualmente. Estos Rayos incluyen determinadas vibraciones específicas y dinamismo, regidos por Inti —¿Dios?—. Cada rayo es también signo particular de una de las grandes Ordenes Iniciáticas de la antigüedad (Esenios, Rosacruces, Masones, Gnósticos, etc.), órdenes motoras que rigen e influencian de alguna manera la marcha del mundo. El rayo color púrpura, por ejemplo, dirige a los Esenios del desierto... Siendo manifestación de Inti, los Rayos son expresión de los diferentes aspectos de su Fuerza, de la energía cósmica espiritual, del fuego celeste activo, símbolo de soberanía, teniendo también correspondencia con los siete tonos musicales y los colores del espectro solar. Indudablemente el número siete se manifestaba en todo, como aseveraba el maestro. Las etapas importantes en el desarrollo del hombre se dividen cada siete años, los principios de las Leyes que nos rigen son siete, la edad del hombre equilibrado y armónico es siete veces siete, los centros energéticos o chakras principales también son siete: el coronario, entrecejo, laríngeo, cardíaco, plexo, sacro y básico, como las glándulas pineal, timo, tiroides, adrenales, pituitaria, páncreas y esplénica (bazo), etc., etc. Creo que es necesario recordar los colores de los siete Rayos y sus vinculaciones con los chakras y las glándulas, como las características de cada uno de ellos:
— El Primer Rayo, color azul-cristal, está relacionado con el centro coronario y la glándula pineal. Representa la voluntad del Padre, de Dios, de Inti, por ende el poder, la protección, la fuerza. La mayoría de ejecutivos con iniciativa pertenecen a él, pero también los agresivos, los que tienen deseo de dominar.
— El Segundo Rayo, amarillo-dorado, relacionado con el centro cardíaco y el timo, representa la sabiduría, la iluminación, por consiguiente, el amor. Per-

tenecen a él principalmente los maestros, pero también los que ostentan orgullo intelectual.

— El Tercer Rayo, rosa, relacionado con el centro laríngeo y la glándula tiroides, es el rayo de la actividad, del Amor Divino, por ende de la belleza; es muy magnético, atrae. Son los pacificadores, los árbitros, pero también los libertinos pertenecen a él.

— El Cuarto Rayo, blanco, ubicado al centro de los demás separándolos (la mezcla de todos ellos forman el color blanco). Está relacionado con el centro básico y las adrenales; representa la pureza, el arte; es la armonía, la purificación de los seres en ascensión; aclara la oscuridad. Pertenecen a él la mayoría de los artistas como también los bohemios.

— El Quinto Rayo, verde, tiene que ver con el entrecejo y la pituitaria, es el Rayo de la verdad, por consiguiente de la salud; interviene en la curación y en el conocimiento concreto. Los médicos en general como los inventores pertenecen a este Rayo, pero también los ateos, pues como todas las cosas tiene los dos aspectos: blanco-negro, positivo-negativo.

— El Sexto Rayo, oro-rubí, está relacionado con el plexo y el páncreas. Su característica principal es la paz; la devoción es otra de sus cualidades. Se dice que Jesús perteneció y actuó en este Rayo; es, pues, el Rayo de la serenidad y la paciencia. Sacerdotes, sanadores, pertenecen a él; sin embargo, están también los fanáticos religiosos y snobistas.

— El Séptimo Rayo, violeta, está relacionado con el sacro y la glándula esplénica. Es el rayo de la transmutación, es decir, de la liberación, de la magia ceremonial, de la alquimia. Representa el perdón por excelencia. El violeta es el color de esta Era. Pertenecen a él los místicos especialmente, pero también la vanidad está presente. Se dice que este Rayo hará que la Tierra se libere y evolucione hasta ocupar otro plano (¿otra órbita, tal vez?).

La conciencia humana ascenderá hasta lograr la verdadera Iniciación, la Real, la Trascendental. Esta es la gran oportunidad para todos, es el despertar. El subconsciente vaciará su contenido y recordaremos todas las encarnaciones pasadas, podremos mirar hacia atrás y leer en el akash o memoria de la naturaleza como en un libro o ver como en una película... Es abrir los ojos para ver lo que fuimos, lo que realmente somos y lo que seremos. Es pues, "el oro" de nuestras vidas... En este momento de mis elucubraciones entraron siete varones que me miraron sonrientes y me sacaron de mi abstracción, les contesté el saludo con otra sonrisa; se sentaron frente a mí en dos bancas de madera, esperando escuchar la voz de Nina Soncco, que continuó diciendo:
— Estos siete hermanos que ves, pertenecen a un color diferente dentro del mismo camino que mencioné; obsérvalos, en sus rostros se ve...

Estuve mirándolos por un buen tiempo sin ver nada en particular, todos me parecían iguales, con pequeñas diferencias de cabello, color, edad, estatura, ojos, etc. Eran agricultores con el calor y el sabor de la tierra en sus manos, pero no veía en ellos nada que me llamara la atención. El maestro se dio cuenta, desde luego, de mi confusión y "me dio una manito"... ¡Claro!, dije, ¡ahí están!... ¿Es esto?...

Movió la cabeza afirmativamente. Su manifestación es física, por eso en ellos es visible, en otros es más difícil porque está más allá de lo que nuestros ojos ven.

(¿En el doble etérico?)
— Ya te enseñaré después cómo tienes que practicar para ver, dijo.

Fue una gran experiencia para mí, un descubrimiento que me ayudaría posteriormente a conocer mejor a las personas. Al percibir mi entusiasmo les pidió a los siete que se fueran y continuó hablándome de otros signos que nos individualizan más aún, diferenciándonos a unos de otros.

— No te incomodes si no sabes algo, me dijo, para emprender un trabajo, primeramente estudiarás, seguidamente practicarás, es decir, tendrás que prepararte para desempeñar cualquier actividad. Aquí estás para aprender y eso es lo que estás haciendo. La mayoría es lanzada a la tarea de vivir sin brújula, sin preparación, sin orientación, a ciegas, sin tener idea siquiera de qué es la vida y lo peor sin saber qué es El; no se explica el porqué de las diferencias existentes entre los humanos, no comprende por qué unos viven en la opulencia y los más en la pobreza; unos bien conformados físicamente, otros lisiados, y al no entender, esa gente se convierte en renegada haciendo de su existencia en este Kay Pacha (la tierra de acá) un desastre en lugar de buscar positivamente la justicia, la igualdad. Lo que tú piensas se manifiesta; es tu actitud la que determina todo lo que te sucede, ésta es tu realidad, no la Gran Realidad...

Recordé lo que mi padre les decía diariamente a los campesinos que bajaban hasta Samana Wasi: "Los pensamientos adquieren forma, son cosas; es tu propio concepto lo que ves. Si tú piensas que eres sano y fuerte, hagas lo que hagas siempre serás saludable; todo lo que te sucede se cumple por tus creencias y por lo que dices en palabras. Si en tu mente está la idea de que te van a robar o que te vas a accidentar o que tienes buena o mala suerte, pues estas condiciones se darán en tu vida y se manifestarán en todo lo que hagas."

— En nuestras cabezas hay muchas ideas que no conocemos —continuó Nina Soncco—. Están muy adentro (¿en el subconsciente?); se van creando con impresiones que recibimos y en concordancia con lo que nos enseñan, oímos, leemos o vemos. Mucho cuidado, pues, con lo que aceptamos; no le echemos la culpa a Inti (¿Dios?) de todo lo que nos acontece, son creaciones nuestras; nosotros hemos permitido que así sean y así son. Nacemos con libre albedrío, con el derecho de escoger y escogemos lo que nos place: pensar bien o mal, somos pesimistas u optimistas, positivos o negativos, y todo esto se manifiesta en lo exterior e interior nuestro; es decir, lo que queremos, deseamos o creemos con frecuencia se profundiza más en la cabeza esperando una orden nuestra para manifestarse.

(Supongo que se refería al subconsciente, que es un servidor fiel y muy frío; no acepta bromas, sino órdenes y las cumple.)

— Sucede como cuando la madre le dice a su niño que no se desabrigue porque se puede resfriar, ésa es una orden que pasa de inmediato al interior de su cabeza; el niño se saca la ropa y se resfría, porque ésa era la orden (sin que él sea consciente de ello), vuelve la madre y recalca la orden: "Seguro que te has quitado la ropa, por eso te has resfriado..."

Así funciona. (¡Cuanta razón tenía!) Mañana continuaremos hablando sobre otras cosas que son importantes y que necesitas conocer para ser más responsable...

Almorzamos juntos, lo que significaba una gran deferencia hacia mi persona, luego me aparté para dejarlo con sus otras ocupaciones, no sin antes agradecerle nuevamente por todo lo que estaba recibiendo de él y que en el futuro me serviría tanto... Escuché voces de chiquillos detrás de la choza y recordé que les había ofrecido jugar hoy también con ellos, así que dejé mi libreta de apuntes y fui en su busca; ya me estaban esperando. Pasamos una tarde muy linda, pero quedé agotado; los niños son incansables, poseen una energía que no se consume con ningún ejercicio. Felizmente Chaska y la noche que llegaron casi juntas "me salvaron", pues ellos querían seguir jugando. Cenamos juntos como en días anteriores; la comida muy rica y la conversación muy amena. Me comentó que María, pese a sus años cantaba con una voz muy limpia, linda y que sus canciones narraban hechos antiguos sobre el trabajo, el amor y la Ciudad Imperial. Le pedí que cantara algo de lo que había escuchado, lo hizo. Los versos decían más o menos lo siguiente:

"Rasga el viento suavemente la mañana
de un domingo soñoliento y tranquilo
mientras el Sol con sus pálidos rayos bañaba
nuestro Cusco todavía dormido..."

Con una música de huaino muy bella, cadenciosa, romántica; no quiso continuar; sin embargo, me comentó que todas las letras se referían al terremoto que sufrió La Ciudad Sagrada en 1950. Nos despedimos y se fue... Ordené un poco mis ideas y me dormí, estaba muy cansado.

# Cuarto Día

## LOS SIETE PRINCIPIOS

Sentí mucho frío, pues amaneció lloviendo con esa lluvia menuda que no cesa, pero que al mismo tiempo nos da la oportunidad de respirar muy bien. Pareciera que tuviéramos más capacidad aun para cambiar el aire residual de los pulmones que muy rara vez se renueva. Salí bien emponchado a lavarme en el riachuelo donde encontré para sorpresa mía a varios niños jugando tan temprano y como si no lloviera. Me quité la ropa para bañarme como acostumbraba hacerlo en Samana Wasi, me imitaron riéndose y se metieron al agua con toda tranquilidad como si ésta no estuviera fría; en cambio yo no demoré mucho porque realmente estaba helada. Volví a la choza de inmediato a calentarme, ya estaba Chaska haciendo hervir verduras y papas con charki; olía muy rico; en otra olla había agua, seguramente para el café; me contestó el saludo sin girar la cabeza, la vi muy diligente, parecía muy apurada y preocupada; pregunté qué sucedía.
— Nina Soncco ya debe estar viniendo —dijo— va a

desayunar acá contigo y yo me había quedado dormida hasta hace poco.

— Esto sí que es sorpresa, hoy tenemos una visita muy importante —manifesté—. No transcurrieron más de cinco minutos y llegó el maestro, me pareció más alto y lleno de luz; con él entró también un aroma muy suave de flores andinas que saturó toda la choza agradablemente. Lo abracé con mucho cariño, me correspondió en la misma forma.

— Hoy es el cuarto día que estás con nosotros —me dijo— y tú sabes que tawa (cuatro) es un número especial y sagrado para nosotros; representa la parte más importante de nuestra manifestación física, es simbólicamente la tierra, el agua, el aire y el fuego; cuatro elementos que constituyen nuestro cuerpo; es así que durante el año realizamos varias festividades con y para la tierra, el agua, el aire y el fuego (¿iniciaciones?). Ya verás cuando hagamos una de estas ceremonias antes de que te vayas...

Chaska nos sirvió la rica lahuita de verduras, papas y charqui caliente como para contrarrestar el frío, luego el café con tostado de maíz. Arregló algo la habitación mientras desayunábamos y salió con dirección a la choza de Nina Soncco, seguramente llevando el desayuno para María; retornó para finiquitar su trabajo.

— Cuando nos ocurre algo malo —continuó— nos acordamos recién del Padre Inti (¿de Dios?) y le pedimos que nos ayude; a veces nos atiende y otras no (por lo menos eso es lo que creemos), en este último caso nos dicen que hay que resignarse, es la voluntad de Dios... es decir, la voluntad del Padre es que suframos, de lo que se desprende que El es malo, vengativo, rencoroso ¿verdad? Resulta pues totalmente absurdo pensar así. Nuestra ignorancia nos hace ver las cosas de esa manera o es lo más cómodo para la mayoría a fin de no analizar y reflexionar sobre las verdaderas causas que originan algún acontecimiento desagradable en nuestras vidas. Todas las religiones dicen que Dios es bueno, amoroso, bondadoso, caritativo, etc.; entonces ¿cómo pensar que El desee nuestra desgracia? Nosotros, humanos, jamás condenaríamos a nuestros hijos al fuego eterno, con muchísima más razón Dios, nuestro Padre Creador, que es lo único Perfecto y Absoluto que existe no lo haría. Parecería pues que es necesario revisar un poco nuestros conceptos; existen contradicciones. El nos da calor y vida diariamente por intermedio de su manifestación física Inti y sin embargo, creemos según nuestra conveniencia, que es bueno en un momento y malo en otro. No es malo ni bueno, es simple y sencillamente justo. Lo que sucede es que desconocemos o nos olvidamos de sus disposiciones que rigen y protegen todo lo creado por El (¿Leyes universales, Principios cósmicos?), entonces nuestros actos están supeditados a esos Principios. De la justicia humana puedes librarte dependiendo ello de los padrinos que tengas o del dinero que poseas; de estas otras Leyes nadie se escapa: si obras bien tendrás grandes satisfacciones, si obras mal tendrás que atenerte a las consecuencias... Si no caminas con ellas te castigas tú mismo, así que es mejor aprender de una vez a pensar y obrar correctamente de acuerdo con la ley para que se realice todo lo bueno que deseamos para nosotros y los demás.

— Ya te dije, dentro de nuestras cabezas, en la parte más profunda (¿el subconsciente?) existe un servidor muy serio, no discierne, no opina, no decide ni piensa por sí solo, obedece órdenes, es allí adonde debemos enviar todos los pensamientos positivos, todas las ideas buenas que nos interesan o que más nos impactaron para que se graben y luego se manifiesten conscientemente cuando nosotros deseemos o necesitemos de su concurso. Es, pues, un gran archivador que no descansa nunca ni tiene limitaciones para su capacidad receptiva...

Estas reflexiones del maestro Nina Soncco trajeron a mi memoria otras que pertenecen a grandes pensadores y filósofos de la Tierra (nuestro pequeño hogar).

"Si comprendiéramos nuestra finalidad y nuestro significado en relación con Dios o siquiera con la Humanidad, dejando fuera a Dios por el momento, automáticamente alcanzaríamos la armonía social y la paz; no habrían guerras ni conflictos, ni peleas, ni pobreza, porque todos sabríamos que no haría falta ser codiciosos ni competitivos ni violentos ni miedosos. Al pensar en tus semejantes ya te relacionas con Dios, con la Chispa Divina que está en todos nosotros, pero es más fácil si empiezas por comprender quién eres tú porque ahí es donde interviene la justicia cósmica. No podemos limitarnos a considerar nuestra vida aquí y ahora como si fuera la única que hemos vivido; son nuestras vidas anteriores las que nos han moldeado, nosotros somos el producto de todas las vidas que hemos vivido."

O como decía Pitágoras: "Todo es necesario para el desarrollo del alma; quien hubiese penetrado en esta verdad habrá sondeado en las profundidades del Gran Misterio. No tienes tiempo para ti, para estar sin hacer nada, para gozar de una puesta de Sol, para escuchar el canto de un pájaro, para observar el vuelo de una abeja, para escuchar tus pensamientos y no digamos los del prójimo, esto no es vivir, qué lástima. Muchas relaciones fracasaron porque la gente no sabía en realidad quién era y mucho menos quién era el otro."

O Shakespeare: "Conócete a ti mismo. Ten el valor de mirarte y eso te hará libre. No me mires los ojos ni me mires la cara ni las manos, eso es solamente la casa donde vivo yo."

Finalmente Krishnamurti: "Cada persona es un universo. Si te conoces a ti mismo lo conoces todo. No me preocupa el pasado, como tampoco me preocupa el futuro. Yo pienso, actúo y vivo para el presente que fue creado por el pasado y está creando el futuro..."

¡Cuánta semejanza en estas verdades con las enseñanzas del maestro Nina Soncco! Las Leyes o Principios que mencionó prácticamente eran los mismos que yo había recibido y aprendido en escritos de otros maestros a quienes tuve el honor de conocer. Las diferencias eran muy pequeñas, yo diría más de forma que de contenido. Nina Soncco intuyendo que ya poseía este conocimiento dijo:
— Son universales e inmutables, no hay nada nuevo bajo el Sol, pero es muy importante recordarlo permanentemente y vivir de acuerdo con ellos.

Recordé en este momento lo que dice El Kybalión:
"Los principios de la verdad son siete.
El que comprende esto perfectamente,
posee la clave mágica ante la cual
todas las puertas del Templo
se abrirán de par en par."

Maravilloso libro, muy conocido en el mundo esotérico, que reúne toda la filosofía hermética enseñada en el antiguo Egipto y Grecia, extraída de la tradición dejada por Hermes Trismegisto y escrita por Tres Iniciados; Hermes Trismegisto, el Tres Veces Grande; desde luego no me refiero a Hermes dios del azar y la riqueza, el que traía el mensaje de los dioses en la mitología griega, sino al dios egipcio Thot, fuente de sabiduría y principio de toda cultura, como lo llamaban. Parece que fue un rey egipcio mítico, del siglo veinte antes de Jesús el Cristo. Inventor de todas las ciencias. De sus escritos se conservan apenas algunos fragmentos, unos en griego y

otros en latín, según estudiosos dedicados al hermetismo, hallados sobre paredes de Templos o en viejos papiros que un egipcio encontró y transmitió, aunque otros creen que la paternidad la tiene una secta gnóstica. Lo cierto es que esta doctrina influyó sobre la alquimia y magia; es filosófica y astrológica, es una cosmogonía y escatología que cada día adquiere más actualidad porque permite comprender mejor el porqué de la vida, del Universo, de Dios.
— Nina Soncco continuó: todo empieza en la cabeza, como tú piensas así eres, todo lo que desees será si tú lo quieres, empieza en una idea que va adquiriendo forma por la fuerza y el amor que le pones (¿todo es mental?) hasta materializarse, por eso te digo que es muy importante lo que piensas. Todo fue creado así por la fuerza del Amor: el Universo, la Tierra, el hombre, todo lo que existe. El todo es Inti que es Creador; nosotros somos imagen de El, somos creadores... En tu subconsciente está lo que tú crees que debe ser tu vida; si la mantienes y le das calor no podrás cambiar las consecuencias, buenas o malas y se manifestará en lo exterior, así lo verás: está profundamente alojada en tu cabeza trabajando para producir su igual externamente; esta creencia no es precisamente la verdadera pero es la que se realizará, porque eso es lo que tú crees. Has creado mentalmente tu mundo con tu mente como El Padre ha creado todo lo que existe con Su Mente. Los pensamientos adquieren forma, "son cosas", en lo exterior se manifestarán como salud, bienestar, premios, trabajo, optimismo, felicidad o como enfermedad, malestar, obstáculo, castigos, pesimismo, tristeza, desgracia, según sean esos pensamientos positivos o negativos; es decir, el único culpable de lo que te sucede eres tú, salvo en los casos en los cuales ya intervienen otros factores que pueden ser sociales, políticos, religiosos, sucesos que ya escapan a tu con-

trol y decisión. En general, tú eres el causante de todo lo que te acontece, depende del ambiente mental que creaste y que vives. Si eres feliz, risueño, andas contento, alegre, optimista, reflejarás todo esto en tus actitudes e irradiarás simpatía frente a los demás pese a los obstáculos que puedas tener en tu vida y que los superarás con tu decisión positiva. Como ves tu actitud mental es muy importante. Has nacido con libre albedrío y escoges libremente lo que te place bien o mal, pues lo que tú decretes sucederá, lo que aceptes se realizará, lo que niegues no ocurrirá. Todo depende de tu modo de pensar y eso se verá externamente. Si alimentas adecuadamente algo no puedes evitar que crezca; si piensas de cierta manera no puedes evitar las consecuencias. Resulta pues muy necesario aprender a diferenciar la verdad de lo falso, lo que tú crees que es, lo que tú creas que debe ser, de lo que realmente es. Depende en gran medida del pensamiento que albergas, juzgarás de acuerdo a cómo piensas, de acuerdo con el cristal que miras. Si cambias la apreciación negativa que tienes por una concepción más positiva de las cosas la transformación se verá en tu rostro y comprenderás mejor, considerarás de otra manera más generosa a las personas que trates. El cambio en ti se habrá producido y tu visión será diferente; verás con más amor y respeto a la gente. Incuestionablemente, debes cambiar tu actitud mental y todo se transformará, esa actitud mental que es energía en constante movimiento, en constante actividad, en constante transformación. A veces resulta un poco difícil aceptar que todo primero es mental y luego material; que el efecto es consecuencia de una causa mental en su inicio, es decir, el pensamiento antes que la acción.

La materia misma está obligando al hombre a estudiar más a fondo las causas y principios de su origen que hasta ahora no se conocen claramente. El entendimiento que le dan sus sentidos es muy limitado, requiere de su mente para descubrir lo grande y lo pequeño. Detrás de todo esto, ¿no hay acaso una Mente Creadora?... Concluyó y se quedó mirándome fijamente; yo no sabía qué decir y sólo atiné a mencionar que mi padre repetía lo mismo con otras palabras a sus hermanos-alumnos que bajaban de las montañas cercanas diariamente hasta Samana Wasi: "Si ustedes desean aprender, aprenderán; todo depende de ustedes y está en ustedes". Como si no me hubiera escuchado Nina Soncco, reanudó su charla.

Hablemos de otra enseñanza —dijo— este pequeño mundo, nuestro cuerpo, es semejante al gran mundo, el Universo; lo que sucede allá arriba acontece también acá abajo en nosotros... Entonces, estudiando al hombre conoceremos y comprenderemos el Universo. Estudiando y observando nuestra Tierra también comprenderemos y vislumbraremos otros mundos mejores (¿acaso, otros planos de existencia?). El futuro existe en el presente; en nosotros están también esos otros mundos (¿tal vez, otros cuerpos más etéreos?) que aún no los entendemos, pero a medida que caminemos los iremos conociendo y aprenderemos a vivir en ellos. Desde luego, en este momento no tenemos idea exacta de esos mundos superiores porque estamos viviendo en otras condiciones, en un mundo más denso y no aceptamos su existencia. Por ejemplo: en una gota de agua viven miles de seres diminutos cuya existencia no pasa de algunos segundos; sin embargo, en ese lapso su vivencia es total; si conversáramos con uno de ellos y le dijéramos que la vida no dura solamente segundos, sino cincuenta, ochenta y más años, desde luego que no nos creería porque su realidad es otra; sin embargo, lo que le manifestamos es la verdad... Lo mismo sucede con nosotros cuando nos comentan y aseguran que hay otros seres, semejantes nuestros, que viven muchos más años y en otras condiciones... tampoco creeremos. Si hablamos con una hormiguita, cuya mente no pasa de ser un instinto, tendremos que conversarle considerando su nivel de conciencia, comentarle por ejemplo, que trabajamos como ella, que tenemos algunas necesidades semejantes, pero más allá no, porque no nos entendería. Sin embargo, debo decirte que pese a esas limitaciones, en cada estado de vida, en cada estrato de existencia hay seres un poco más adelantados que los demás de su nivel y que están listos a pasar a otro estado. Estos sí vislumbran o presienten las condiciones superiores. Si aplicamos este principio que es muy importante, muchos mundos que no conocemos nos serán más comprensibles, podremos descorrer el velo que oculta lo desconocido a nuestra vista, relacionarnos con el Cosmos. Hay algo perfecto en nosotros que está esperando únicamente la oportunidad de manifestarse: Inti que es inmortal como ya sabes; en cambio, nuestro cuerpo físico desde que nace ya empieza a morir... En cada niño hay un anciano y está la muerte, en ambos la vida eterna... El nacimiento, vida y muerte de los sistemas solares, de las galaxias, es muy semejante a los procesos biológicos del hombre y del ser más diminuto de la Creación. Como es el macrocosmos es el microcosmos; somos parte del Universo y podemos contactarnos con él si así lo deseamos.

Hay una tercera enseñanza —añadió—. Todas las cosas tienen su apariencia que para la mayoría de la gente es la realidad y no es así. Como su nombre indica, es su apariencia, nada más. ¿Qué es verdad? Lo que es. ¿Qué es falsedad? Lo que parece ser. Tenemos que apoyarnos en estas definiciones para aclarar muchos conceptos. Dividimos lo que existe en tres reinos: animal, vegetal y mineral, de los cuales al último llamamos inerte, es decir que no tiene movimiento propio, que no hay actividad en él. Esa es su apariencia, pero qué lejos estamos de la verdad porque en todo hay vida, todo se muere, todo vibra; felizmente la ciencia moderna cada día confirma más esta aseveración. Si aprendiéramos a vibrar en frecuencias altas podríamos ver a los espíritus desencarnados. Igualmente si vibráramos lentamente veríamos cómo se mueven todas las partículas que constituyen una roca y comprobaríamos que no existe inmovilidad. Lo mismo ocurre con nuestros pensamientos, si son positivos están en una frecuencia alta, en cambio, los negativos vibran lentamente. De igual manera ocurre con los sonidos y colores, los altos y brillantes, respectivamente, son de vibración alta; los bajos y oscuros de vibración baja. Habrás observado, por ejemplo, que cuando te aproximas a una persona encolerizada su estado anímico lanza fuera de su cuerpo vibraciones tan malas que golpean tu cuerpo y sientes malestar. Por el contrario, si las vibraciones son reflejo de felicidad, de alegría, sentirás bienestar, paz. Quiero significar con esto que las vibraciones de otros seres te afectan en bien o en mal; la intensidad de esa afectación estará dada por tu vibración. Entonces es conveniente tener siempre una vibración alta, así podrás controlar adecuadamente tus propias vibraciones como las de los demás. La materia, la mente, el espíritu, son diferentes estados vibratorios de la misma Energía, es decir, de Quien nos dio origen. En la materia encontramos también diferencias de acuerdo con su vibración; lo mismo podemos decir de la mente y finalmente del espíritu. En todos ellos hay escalas de vibración que están de acuerdo también con su evolución. La vida en general es, por lo tanto, vibración permanente, por ende, el Universo es dinámico. Todo existe por la vibración manifestada muy diversamente: desde el corpúsculo hasta los astros y galaxias; el hombre, naturalmente, no escapa a este principio; está constituido por diversos estados vibratorios según los cuales estará en armonía o desarmonía consigo mismo y con los demás. Estará enfermo o con salud, ignorante o con conocimiento, vivo o muerto, espiritualista o materialista, con amor u odio que son únicamente diferentes gradaciones de vibración de un estado mental, etc. Como ves, es muy importante conocer este principio. Puede modificar la vibración y mejorar estados mentales, que si no lo haces te causarán problemas, dificultades, infelicidad, etc., depende de ti...

En este momento lo llamaron interrumpiéndolo, así que se levantó de donde estaba sentado y salió de la choza. Debe haber sido algo importante, porque demoró; a su retorno siguió hablando sin dar ninguna explicación, sobre otra enseñanza.

— Cuando vine esta mañana llovía y sentí frío, ahora está soleando y siento calor. No me molestan estos cambios atmosféricos, cada uno tiene su atractivo y su belleza. Te comento solamente para decirte que todo posee su contraparte: frío-calor, blanco-negro, positivo-negativo, etc. Es decir, vienen y se manifiestan en pareja; son dos aspectos, dos polos; el frío y el calor se diferencian en grados únicamente pero son de la misma naturaleza, son vibraciones con una variedad grande en grados tanto para arriba como para abajo. Sin embargo, en ambos extremos existe de alguna manera calor y frío; todo es relativo, no absoluto; se unen en algún momento. Lo mismo ocurre con el sur-norte, este-oeste, se confunden en un instante; la claridad y la oscuridad. ¿Dónde empiezan y dónde terminan? Lo duro y lo blando, el uno termina donde empieza el otro... Ya te hablé del amor y del odio opuestos totalmente pero manifestaciones de un mismo estado mental vibratorio. No existe el amor absoluto ni el odio absoluto pero sí sentimos más amor y menos odio si nos elevamos espiritualmente o lo contrario, sentiremos más odio si descendemos. La valentía y el miedo también son un par de opuestos que no escapan a este principio, en uno existe el otro...

—Mira qué interesante es reflexionar sobre esto —me dijo muy entusiasmado.

— Tú puedes cambiar un estado mental en otro (¿transmutar?) siempre que sean de la misma clase. Por ejemplo: el odio en amor, el miedo en valor, la enfermedad en salud; dependerá de tu estado de conciencia. O lo opuesto: el amor en odio, el valor en miedo, la salud en enfermedad. Siempre ese cambio se podrá realizar entre cosas de la misma clase pero de grado vibratorio diferente. Otro ejemplo nos aclarará más: no puedes convertir al cobarde en norte o sur pero sí en valiente, al perezoso en activo; esto es muy importante porque podemos lograr los cambios mentales que deseamos en nuestros enemigos, amigos, hijos, etc. Es decir, positivizarlos para bien de todos; el amor es positivo, el odio es negativo; la verdad es positiva, la mentira es negativa; lo superior es positivo, lo inferior es negativo; la dignidad es positiva, el orgullo y la vanidad son negativos. Hay que aprovechar este Principio para realizar tratamientos mentales con óptimos resultados, te lo puedo asegurar; mira ¡cuánto puedes ayudar a los demás! solamente polarizando situaciones; elevando las vibraciones a voluntad puedes transformar un ambiente desagradable en agradable, cambiar con tu sola presencia, tu mirada, con una sonrisa, con tu alegría, tus palabras pueden ayudar al desesperado, llenándolo de esperanza.

— ¡Esto es transmutar!

— Escucha lo que te voy a decir y medita sobre ello: todo esto puedes lograrlo, pero primero tendrás que

aprender a cambiar tu propia polaridad para luego poder ayudar a cambiar la ajena...
— Calló y me miró muy seriamente. ¡Cuánta razón tenía!
— Si deseas dominar tendrás que practicar y lo lograrás, creo que estás decidido ¿no?
—Una quinta enseñanza —añadió callando unos minutos como tratando de recordar algo—. Por otra parte es necesario recordar que todo se mueve para un lado y para otro, en un sentido y en otro, sube y baja, avanza y retrocede, a la derecha, luego a la izquierda, es decir, tiene un movimiento de vaivén como las aguas de una laguna. Habrás observado que muchas veces sin motivo aparente te sientes decaído sin deseos de hacer nada y otros amaneces eufórico, lleno de dinamismo, con deseos de actividad plena. ¿Qué sucede? Pues está funcionando esta Ley como las otras influenciando en nuestros estados de ánimo, sentimientos, estados mentales, etc. Todas actúan al mismo tiempo y afectan de diferente manera a los cuerpos en particular y al Universo en general. Según este Principio todo va y viene, como un péndulo; hay oscilación hacia un polo primero y luego hacia el otro polo. Nada escapa a este Principio, se lo siente en la vida misma, en la historia de naciones que sufren y se levantan, que caen y se elevan. Nosotros nacemos de Inti y descendemos, luego morimos y ascendemos: éste es nuestro ritmo más importante, nacer y morir, aspirar y expirar. Las galaxias, los planetas, los sistemas, los soles, nacen, llegan a su máxima expresión, luego decaen hasta su mínima expresión y así continúan ciclos y ciclos para renacer de nuevo. Todo se repite, nacen, crecen, maduran, decaen y mueren. Todo se mueve, nada está en reposo; el mar tiene su marea, fluye y refluye. Como los otros, éste es un Principio que garantiza el funcionamiento equilibrado, armónico de todo lo

creado. Mientras no lo conozcamos bien y no podamos utilizarlo positivamente jugará con nosotros llevándonos de un lado a otro. Tenemos que aprender a neutralizarlo y manejarlo en nuestro beneficio, que la acción y reacción sean buenas para nosotros, porque indudablemente actúa en la creación como en la destrucción. Hagamos que funcione como los latidos del corazón: la sístole y la diástole son beneficiosas para nuestra vida y tienen ritmo.

— Entramos en la sexta enseñanza —dijo—. Tú sabes que nada ocurre por casualidad, todo tiene su origen, su causa, su inicio. Lo que viene después es el efecto de ese Principio de nacer; tu misma presencia acá se debe a una causa, los efectos de esa causa serán posteriores. El efecto es futuro, producto del presente que en un momento será pasado... Los pensamientos que tu mente genera son energía y salen de tu cabeza como vibraciones, como ondas y regresan a ti en el futuro trayéndote lo que has escogido. Lo que quiero decirte es que el obrar, pensar, actuar, sentir positivamente, te beneficiará grandemente en el futuro, que es el efecto generado por tu mente. Haces un bien a alguien o hablas bien de una persona, "eso" sale en vibraciones de colores limpios. ¿Sabes que los pensamientos tienen colores, verdad?

— Asentí moviendo la cabeza.

— Esos colores son bellos y atraen correspondientemente vibraciones de ese mismo color que te regresan aumentados en intensidad, en el bien que hiciste o dijiste. Mira ¡qué maravilla! y eso no es casualidad, es una Ley exacta que se llama Principio Inmutable como los otros de los que ya te hablé. Si siembras amor, recogerás amor intensificado en energía positiva; si siembras maldad, esta vibración recogerá en su camino más maldad, que volverá a ti aumentando su fuerza, en algo desagradable: enfermedad, accidente, etc. Si criticas serás criticado, si dañas a alguien serás dañado o un ser tuyo sufrirá el daño. Todo lo que siembras, que viene a ser la causa, da su fruto, que es el efecto que tú cosecharás. En general, cosecharás con creces lo que siembres, bueno o malo; entonces es conveniente siempre dar todo lo que la vida nos ofrece en sentimientos y acciones. Si somos malhumorados, mezquinos, violentos, egoístas, no podemos esperar sino desgracias y cosas malas en general. Luego nos quejamos de que Dios es injusto... ¡Qué injustos somos con El! No queremos aceptar que nosotros, y no otros, somos los únicos causantes de todos los males que nos aquejan, de todas las limitaciones que sufrimos, de todas las desgracias que se nos vienen. Si comprendes esto puedes cambiar muchas cosas que te están haciendo daño y tendrás realmente el dominio de tu vida...

Luego de una pequeña pausa, Nina Soncco continuó hablando de la séptima enseñanza: —Sin padre ni madre no hay Creación, nada puede existir, todo tiene su padre y su madre, masculino y femenino. Existe en todo ser, el sexo es solamente la diferencia física externa, en el Hanan Pacha no existe. Inti es padre-madre, es Creador, es Generador, está en todo y es Todo, nada puede existir sin El. Esta Ley ha sido tergiversada, practicada erróneamente; confundida con el sexo y prostituida hasta el extremo de hacer daño a la mente, al cuerpo, al espíritu. Se olvidan que la unión de lo positivo con lo negativo, masculino con femenino es el camino de la generación, de la producción.

Uno solo es incapaz sin la colaboración del otro...

Calló, pues entró su esposa para preguntarle a qué hora almorzaríamos; había pasado ya el medio día y la comida se enfriaba. Salimos tras la anciana en dirección a su choza; realmente era tarde ¡las dos! No nos habíamos percatado de ello; desde luego ellas (con Chaska) ya habían comido. Nos invitaron una sopita de verduras muy agradable y como segundo plato jataco con papas pequeñas bien hervidas, acompañado de un platillo de ají molido, muy rico. El maestro en general comía muy poco pero esta vez lo hizo más de lo acostumbrado, tal vez por la hora o quizás porque era uno de sus platos favoritos, no lo sé. Al terminar me retiré de inmediato, afuera esperaban algunas personas. Esta vez en lugar de ir en dirección a los campos de cultivo me fui hacia abajo, al borde de la meseta donde se contemplaba un río de regular caudal y en el que desembocaba el riachuelo que pasaba detrás de mi choza. Descendí hasta la orilla y me senté en una piedra a contemplar ese paisaje y el agua cristalina del río; pese a la época estaba transparente, normalmente con las lluvias se enturbia. El calor amodorraba, así que me eché a la sombra de un sauce llorón (árbol muy común en estas playas y muy bello), me quedé dormido; desperté con la bulla que hacían los niños jugando alrededor mío; me descubrieron y bajaron hasta donde estaba. El sol se ocultaba ya tras unas montañas como invitando al descanso; empezaba a refrescar, así que decidí regresar; dos de los niños se agarraron de mis manos y subimos lentamente conversando. Me acompañaron hasta la casa; esa noche la merienda fue una lahuita de maíz, que "me cayó" muy bien.

# Quinto Día

## INTIC CHURINCUNA: HERMANDAD SOLAR

Este quinto amanecer tuve un bello sueño, soñé con mis padres. Estábamos en Samana Wasi en compañía de Yupanqui Puma, Nina Soncco (los grandes maestros), Chaska muy solícita como siempre y su padre a quien dije: "Tú no quisiste que te conociera pero ya ves ahora sé quién eres", se sonrió. La escena cambió, parecía un túnel, escuchaba voces, sin embargo, no veía a nadie, íbamos con alguien que cuando pregunté adónde nos dirigíamos, me dijo:
— A tu encuentro, ahora verás quién eres y cómo eres...
Sentí mucho frío en los pies, había excesiva humedad, caminábamos prácticamente sobre barro y desperté, tenía los pies descubiertos... Las cinco de la mañana, una buena hora para levantarse. El día estaba nublado pero con visos de mejorar. Alisté una nueva libreta para notas, puse agua a hervir y aguardé la llegada de Chaska que no se hizo esperar; cuando le comenté mi sueño dijo:

— Tal vez llegues a conocerlo, pero no será porque él lo busque...

Mientras desayunábamos, pensaba en su respuesta. ¿Qué quiso decir? No lo sé. Nina Soncco ya me esperaba, así que fui a su encuentro; empezó a hablar:

— Casi desde el principio de los tiempos, cuando el hombre empezó a tener conciencia de su existencia física también comenzó a plantearse interrogantes que no comprendía, entonces optó por reunirse con otros que como él buscaban la explicación a sus dudas, a sus preocupaciones y a sus temores. Así nacieron en toda la Tierra grupos más o menos numerosos de personas que guiados por sabios, que realmente eran hombres iluminados, estudiaron el Cosmos, su medio ambiente, se miraron ellos mismos y descubrieron muchas cosas. Esos conocimientos fueron guardados celosamente y no los enseñaron públicamente sino solamente a aquellos que efectivamente demostraban interés y que se esforzarían por comprenderlos. La mayoría estaba ocupada haciendo guerras por doquier, ampliando sus dominios egoístamente y no tenía tiempo para pensar en estas cosas; por el contrario, perseguía a la gente que se apartaba del camino de la lucha, de la conquista. Transcurrió el tiempo y hubo una calma aparente, salieron entonces los guías a enseñar pero fueron maltratados nuevamente y tuvieron que retornar a la clandestinidad. Sin embargo, algunos jefes de imperios, comprendiendo la importancia de esos conocimientos para la vida ordenada de sus naciones, los protegieron dándoles todas las garantías para su supervivencia y fueron los primeros en recibir el alimento primordial para su ser. La iniciación en esos conocimientos exigió de los jefes-gobernantes mucho trabajo de preparación para aquel momento (fue un requisito interpuesto por los sabios); así esa gente se convirtió en justa y equitativa, gobernando al mismo tiempo como jefes espirituales y temporales a los pueblos que vivieron felices y en paz. Recibieron pues, los secretos del conocimiento que ilumina, la chispa activa de la iniciación. Con esa experiencia exigieron de los futuros jefes que los reemplazarían en el devenir, preparación para gobernar con sabiduría. La verdad se extendió por toda la Tierra, se respiraba en el aire esa enseñanza y los vientos se encargaron de llevarla hasta los confines del planeta.

Así tuvimos también nosotros la suerte de recibir ese regalo de Inti y nuestros abuelos se preocuparon en mantenerlo con toda su pureza, inculcándonos respeto y amor para difundirlos de boca a oído y convertirnos, como la mayoría de los grupos de la Tierra, en místicos del Sol, nuestro Padre, en los caminos celestes como en el orden de las cosas visibles y símbolo visible también del Creador, de ese otro Sol oscuro, Negro, que conocemos todos los adeptos y cuya emanación oculta a nuestros ojos tiene un resplandor fuerte que algún día podremos contemplar, porque está en nosotros mismos ese Sol del espíritu... Es allí donde tenemos que buscarlo si no, por muy lejos que vayamos, no lo encontraremos jamás. Cada hombre, como ya te dije en días pasados, es de por sí un sol que busca desesperadamente al Gran Sol, la luz, más allá de la vida y de la muerte... Somos fuego, chispas de fuego revestidas de materia y alojadas en nuestra frente.

— (¿Una chispa de fuego Crístico?)
— Un sol en miniatura que crecerá hasta convertirse en el Dios que llevamos dentro. Nuestro sol interno se desarrollará... Tendrás que aprender a relacionar al Sol con el Padre Creador de todas las cosas y las chispas divinas con el hombre. Somos hijos del Sol (Intic Churincuna), somos su imagen, su semejanza... Lo que te digo lo sostiene la mayoría

de los seres iluminados en sus enseñanzas y en forma velada las sectas religiosas actuales. El hombre tiene la obligación y el deber de luchar contra la materialización de su ser, contra la cristalización de su cuerpo buscando su purificación y liberación, es decir, salvar su vida de entre las ruinas de su templo y elevarla para que ocupe su verdadero lugar en la evolución. Comprendiendo esto en su real dimensión, la Gran Hermandad Solar guardó esos conocimientos, esas prácticas simbólicas (que para algunos no tienen importancia) porque las consideró joyas que algún día necesitará el hombre para su salvación. En este momento ya hay gente que se está esforzando por llegar hacia Dios en un armonioso equilibrio de sus pensamientos, emociones y acciones.
— (Anteriormente ya me habían dicho que primero fueron los Esenios, luego los Gnósticos, posteriormente los Templarios, seguidamente los Rosacruces y finalmente los Masones, quienes tienen la misión de proteger el cáliz de la espiritualidad que brilla en el mundo de la materia.)
— Las enseñanzas que nos proporcionan las experiencias vividas servirán para bien o para mal, según seamos sabios o no, según las transformemos en miel o veneno... Unos se vuelven agrios, negativos con la experiencia, otros toman la miel y son positivos: hagamos que el Sol espiritual destruya la cristalización de nuestros cuerpos y que los ojos que ven en la oscuridad aclaren definitivamente nuestro camino. Te estoy hablando de la escuela de vida de nuestros antepasados, con vigencia en el presente y en que el servicio y amarse a sí mismo es práctica diaria de todos sus miembros. Los conocimientos sobre los que hemos reflexionado estos días, son verdades que la Hermandad Solar viene enseñando hace mucho tiempo y hemos decidido que compartas

esa sabiduría con nosotros. Has sido aceptado por petición de tu padre, que es un hermano nuestro muy querido... Difícilmente damos esta oportunidad, contigo estamos haciendo una excepción. Estamos viviendo nuevamente tiempos de intolerancia e incomprensión donde no se respeta nada; entenderás ahora que no es fácil dar lo que se conserva con tanto cariño, respeto y veneración; quisiéramos darlo a todos pero es una lástima no poder hacerlo...
— (Sentí una gran emoción, el corazón me latía con más fuerza, no atiné a decir algo. Nina Soncco me agarró la cabeza y continuó hablando.)
— Que quede bien claro, hijo mío, una iniciación no es un rito o una fórmula, sino un estado de conciencia; ambos tienen su porqué, sin embargo el ritualista se equivoca si imagina o cree que los rituales y ceremonias pueden llegar alguna vez a perfeccionar el espíritu humano. Se equivoca si cree que los grados simbólicos que recibe lo convertirán en hombre excepcional. El ritualismo jamás podrá elevar al ser humano por encima de su propia naturaleza... Medita sobre esto.
— El servicio influye también en el crecimiento espiritual personal y colectivo. Es una de las razones principales de nuestro paso por este efímero mundo. Debe ser totalmente desinteresado, solamente así se podrá considerar servicio. El hombre servicial siempre está dispuesto a complacer a otros; comprendiendo esto evitaremos más desastres en la Tierra, viviremos en paz, en felicidad, buscando la ayuda mutua, como fue en el pasado nuestro: una sociedad humanamente justa donde a nadie le faltó lo que necesitara. El servicio a los demás es una de las actitudes primordiales que une fuertemente a aquellos que se preocupan por el futuro de la humanidad y desde luego todos tenemos la capacidad de hacerlo. ¿Por qué no se efectúa? ¿Sabes por qué no lo ha-

cen? No es porque no lo conozcan, sino porque es más cómodo no hacerlo y están muy ocupados con sus intereses egoístas. Las oportunidades de servir pasan ante nuestros ojos sin que las veamos, pasan como el agua en el riachuelo que creemos es el mismo pero que nunca es el mismo. Deberíamos aprovecharla todas las veces que se presenta para vivir sirviendo, es decir, gozando plenamente de la vida, sin egoísmos, sin rencores ni venganzas. Con odios no podemos construir nada bueno, evitaríamos las ambiciones que son la causa de todas las guerras. En el pasado los conquistadores nos hicieron mucho daño destruyendo nuestra cultura y los de ahora también...

(Los imperialismos de ambos extremos que buscan afanosamente repartirse el mercado mundial para su política egoísta.)

— Sin embargo, no debemos continuar viviendo pensando y recordando ese horrible episodio. Construyamos otra sociedad más justa, consciente de su misión, que no le permita al hombre seguir equivocándose. Por nuestro origen todos los seres que habitamos este vasto Universo somos hermanos; tenemos que comprenderlo y asimilarlo para vivir en paz; si no nuevamente produciremos con nuestras actitudes desequilibrio y desarmonía en la Tierra, la que continuará sacudiéndose con más violencia buscando su estabilidad física y energética. Hablando, como estamos, de la Tierra debo decirte que existen tres tierras, planos o niveles, que debemos conocer y recorrer: Kay Pacha es la tierra donde vivimos y apenas la conocemos superficialmente: Ajay Pacha o la tierra de arriba, de más allá y Uju Pacha o la tierra de abajo.

(¿Simbólicamente se refería acaso al cielo, purgatorio e infierno de algunas religiones? ¿O al Inti inmanifestado, Inti manifestado e Inti trascendien-

do su envoltura? ¿O tal vez a la existencia de su identidad física, psíquica y espiritual? ¿Quién sabe si a los cuerpos físico, astral y mental también?). Me miró con una sonrisa pícara como adivinando mis pensamientos y dijo:
— Sí, es todo eso y mucho más; ampliaremos en otro momento. Lo que quiero decirte ahora, es que el hombre es el escultor de sí mismo, es lo que él piensa de sí mismo, lo que moldeará su físico dándole belleza o fealdad; si por dentro es joven por fuera también lo será; no olvides que la eternidad no tiene vejez. Si en el interior hay actividad externamente se notará; por el contrario si en lo profundo cesa la actividad, empezará a notarse la vejez en la superficie e irremediablemente se producirá la desintegración del cuerpo. La vida depende de la comprensión y obediencia de las leyes cósmicas que rigen todo; es decir, de un modo consciente veremos la causa detrás de toda manifestación. Esta es la Hermandad Solar a la que vas a pertenecer en algunos días más; es su filosofía la que está contenida en las enseñanzas de estos días. El verdadero místico crece en luz y en belleza. En su filosofía no hay lugar para la mediocridad, la pedantería, la pequeñez, la pretensión, etc. Haz que todo conocimiento sea para ti una experiencia íntima, porque eso es lo real; que mantenga su misticismo perceptivo como la historia, para no caer en el fanatismo. Busca el justo medio y encontrarás el gusto por la vida y por el equilibrio; desconfía de los extremos, ya te dije, hacen daño. Durante miles de años, existieron los mitos y costumbres, una sabiduría popular, una verdad camuflada, una realidad que nos mantenía en equilibrio con el Cosmos; por consiguiente, nuestra educación se hizo en forma más eficaz y no como sucede ahora por medio de libros que llenan nuestros cerebros; pero... solamente nuestros cerebros... Así la personalidad es li-

mitada y rebelde, constituyendo siempre el real obstáculo para nuestro avance. Es necesario espiritualizar la materia y los pensamientos, pues nos estamos hundiendo bajo el peso de las ideas y de una cultura que se ha convertido únicamente en intelectual y verbal. Acércate a tus verdaderas fuentes y no remedes porque corres el peligro de destruir tus fuerzas espirituales creadoras buscando la afirmación de un falso individualismo. Anda en pos de la luz que es hija de la verdad; del Sol; contempla la luz física pero no pierdas de vista la otra Luz Negra que es la única que te permitirá ver en las tinieblas, con brillo intenso en medio de la noche, con rayos de conocimiento dándote vida, con ella crecerás. De esta Luz ya te hablé anteriormente. La verdad se alcanza en la soledad, en la plenitud del silencio, en una búsqueda realmente individual, en un camino sólo tuyo, donde la razón no interviene. Cuando ésta se calla y los conceptos y las palabras se tornan vacíos y desaparecen, brilla con plenitud, porque el lenguaje es capaz de colocarnos en el verdadero sendero o también alejarnos de él. Ya es tiempo pues, de empezar a desaprender para conocer; hay una total disociación del hombre con una sociedad que se ha tornado su enemiga mortal, alienándolo. Todo esto que te digo hay que enseñarlo, enseñar con el ejemplo si queremos que nos crean; debemos convertirnos nosotros mismos en servidores de la humanidad; si deseamos que nos sigan debemos ser líderes, veraces o, caso contrario, tendrán todo el derecho de poner en duda nuestra sinceridad. Hagamos que nos juzguen por nuestros frutos, es decir, hablemos poco y sirvamos más poniendo en ello mucho amor. No seamos más diablos predicadores, ya son muchos sobre el planeta, gente que habla del daño que producen las drogas con una entre los dedos enviándote el humo a la cara, otras asegurando que el alcohol es muy malo para la salud y toman. Muchos hablando de moral que no conocen y rectitud que no practican; otros deseando ser ascetas yéndose a las montañas donde nadie los contradiga ni hiera ni obstaculice para mantener su "equilibrio y limpieza", sin servir a nadie ni molestarse en trabajar entre los hombres, donde sí es necesario estar y es posible alcanzar nuestro dominio propio y aspiraciones espirituales. De otra manera no ganaremos en experiencia ni aprenderemos nada. Finalmente, hay personas que creen que dejando de ingerir algunos alimentos se están superando: de nada servirá que alimentemos nuestros cuerpos con néctar y ambrosía (el alimento de los dioses) cuando la mente es un osario poblado de oscuros pensamientos, es decir, sepulcros blancos es lo que son; bellos para contemplarlos por fuera y por dentro llenos de hedores nauseabundos. Debemos preguntarnos: ¿Qué pensamientos tenemos en nuestras mentes y cuál es el alimento mental? Esta situación mental negativa se puede mantener muy fácilmente y mejor aun en la soledad de las montañas, pero no es nada constructiva. Un cerebro desocupado es el taller del demonio, dicen muy acertadamente. El camino más seguro de lograr una pureza interna y limpieza de corazón es estar ocupado todo el día, dirigiendo nuestros deseos, sentimientos y emociones hacia los problemas prácticos de la vida y trabajando en bien de todos, auxiliando ahí mismo al necesitado y al pobre que lo requiera; extendiendo nuestro amor no solamente a nuestros padres, esposa, hermanos e hijos, sino a los padres, esposas, hijos, etc. de los demás, como si fueran hermanos.

— (Y en verdad lo son.)
— La fraternidad universal será un hecho cuando el amor individual no quede confinado únicamente a nuestra familia; debemos aprender a ser universales, debemos amar a todos y servir desde donde es-

tamos colocados en la vida. Este es el verdadero trabajo y el único camino que logrará realmente nuestra superación, nuestra evolución y, finalmente, nuestro crecimiento. Estoy seguro de que la Hermandad Solar tiene los medios por los cuales existe la esperanza de alcanzar estos fines.

# Sexto Día

**SAMANA WASI**

Por primera vez en seis días, anoche no pude dormir bien, me sentía intranquilo, tenso; a las tres de la mañana miré el reloj por última vez, debo haber dormido unas tres horas, no más. Anoche después de cenar con Chaska, como todas las anteriores, ya en cama, ordené un poco mis ideas pensando insistentemente en la Hermandad Solar, una escuela de vida como la llamaba Nina Soncco, que conocería en su intimidad, gracias a mi padre; pero luego no pude conciliar el sueño hasta la madrugada en que mis disquisiciones continuaron en otra dimensión mientras mi cuerpo descansaba. Tengo la impresión no muy consciente de haber estado en un lugar extraño, de ambiente agradable, parecía una galería subterránea donde había gente ataviada con ropa diferente a la que se usa cotidianamente, muy bonita; me impresionó el colorido y forma. De pronto la galería se convirtió en una habitación cuyas paredes estaban construidas con piedras finamente labradas como las que existen en el Templo del Sol, el Koricancha, en Cusco. En un momento ya no se veía la ropa, sino únicamente las caras de aquellas personas que se acercaban y alejaban moviendo los labios aunque yo no escuchaba nada; una de esas caras se aproximó y sentí brazos que me agarraban de los hombros sacudiéndome, no podía respirar por el miedo, me asfixiaba; así desperté sobresaltado y me encontré con Chasca que me movía... No sé cómo hubiera continuado este sueño interesante, tuve que levantarme un poco cansado; mientras me aseaba ella preparó el desayuno y compartimos juntos el café, una torta muy rica de maíz y una breve conversación; me dijo que almorzaríamos también juntos, ya que no iba a haber cena para mí esa noche ni comida alguna durante el siguiente día por disposición de Nina Soncco. No solamente me causó extrañeza sino que me llamó la atención aquella orden, pero, como ya era costumbre, no tuve oportunidad de preguntar ni me dio explicación alguna; se fue y yo salí tras ella en dirección a la casa del maestro que por primera vez me había llamado cariñosamente ¡hijo! el día anterior, gesto que me emocionó profundamente. Me recibió con mucha simpatía, sentí el calor de su corazón y el amor que irradiaba por todo y por todos; el interés por seguir instruyéndome se notaba en todos sus gestos. ¡Gracias Padre —dije en silencio— por esta oportunidad que continúa siendo un sueño para mí...!

— Hoy es el penúltimo día que estás entre nosotros —dijo con solemnidad.

Lo interrumpí para pedirle por enésima vez que me permitiera quedarme a vivir con ellos; esta vez su respuesta fue más terminante aún:

— No. Debía volver a mis actividades cotidianas y desarrollar otras... para concretarlas en el menor tiempo posible.

Permíteme en todo caso, retornar cuando tú lo creas conveniente —dije en forma casi suplicante.
— Tal vez —contestó—. Sin embargo, será cuando te llamemos; tendrás que esperar sin compromiso alguno para nosotros... Y continuó retomando sus primeras palabras: debo hablarte hoy sobre un proyecto que no es solamente interesante como experiencia, sino muy importante y de necesidad urgente. Será una sugerencia y no otra cosa, eres libre de aceptarla o no. El proyecto lleva el nombre de Samana Wasi (La casa del descanso). Esta casa de la salud física, psíquica y espiritual, deberá estar dedicada al servicio desinteresado de la gente más necesitada y del menesteroso. De aceptar, será parte del trabajo que deberás empezar en el Valle Sagrado de los Incas.
— (Calló un instante y me miró.) Acepto; tus sugerencias son órdenes muy amorosas para mí y las recibo con el mismo amor que las das —dije—. Haré todo lo que pueda para que esta idea se materialice cuanto antes, estoy muy feliz de llevarme este encargo.
— (Sonrió.) Tendrás que escoger con mucho cuidado el lugar adecuado; no será fácil, en toda obra de bien social hay más dificultades que en otras. Indudablemente solo no podrás realizarlo, tendrás que llamar a personas de buena voluntad y corazón caritativo, que deseen hacer realidad esta idea y materializarla en acción concreta. Hasta ahora creo que ya tienes la suficiente información como para acometer este trabajo y preparar a todos aquellos que colaborarán contigo.

La admirable organización comunitaria de nuestros antepasados, basada en los tres preceptos legislativos: veracidad, honradez, trabajo (Ama llulla, Ama suwa, Ama kella) que tuvo en el ayllu su célula socio-económica sustentada por dos instituciones de trabajo: el Aini —hoy por ti, mañana por mí— y la Minca —todos a una en la realización de obras públicas— y las sabias enseñanzas que recibí en la Hermandad Solar sirvieron de inspiración para esta idea que ahora te sugiero. No habrá en ella discriminación racial, religiosa ni política; todos los seres de la Tierra de buena voluntad que deseen ayudar a los hermanos necesitados, deberán ser bienvenidos.

Apoyarás Samana Wasi en tres columnas importantes de la vida:

Servicio, porque esencialmente, como ya te dije, la vida debe ser ayuda mutua y con esa concepción Samana Wasi deberá ocuparse en general de la atención de todos los necesitados y especialmente de los niños y ancianos desvalidos, los dos extremos más desatendidos y olvidados de esta pasajera vida que discurre en el planeta. En nuestra Nación existen, como en muchas partes del mundo, miles de niños abandonados que viven en las calles con todas las imprevisibles consecuencias o mal educados en sus hogares, debido a las dificultades económicas o la ignorancia de sus padres, que requieren ser recuperados en bien de ellos mismos y de la sociedad. A estos niños hay que devolverles la confianza en el futuro, la dignidad que perdieron y el equilibrio psicofísico que les hace falta para vivir en armonía con ellos mismos. Lograremos de esta manera una sociedad diferente con hombres libres de rencores, odios u otros traumas. No es con la crítica acerba y dándoles las espaldas como puede orientarse adecuadamente a los que empiezan a vivir; no son tampoco las amenazas ni los castigos los medios adecuados; será suficiente que todos miremos con magnanimidad sus problemas, que nos interesemos por sus cosas, que sintamos sus necesidades, sus deseos, sus gustos, que todos tratemos de constituir una familia a su alrededor. Esa gran familia que quizá logrará el milagro de hacer un poco más maduros a éstos y un poquito más jóvenes a los otros... Y hablando de los otros, es también necesario recuperar a los ancianos que poseen la experiencia de toda una vida; devolverles el deseo de vivir plenamente hasta sus últimos días. Darles la confianza y la seguridad de que siguen siendo útiles a la humanidad: cada uno de ellos tiene algo que enseñarnos, los "viejos" no son principiantes en el arte de la vida. Si bien es cierto que desde el momento de nacer empezamos a morir físicamente, no está bien que mentalmente vivamos planeando esa desencarnación so pretexto de una protección para el "futuro". Nos preparamos desde los niveles iniciales para asegurar el mañana; luego de estudiar unos y trabajar otros, todos buscamos una protección económica, que es justa, pero nos pasamos la vida acumulando riquezas para el devenir; cuando reaccionamos (si reaccionamos) ya somos ancianos y no hemos hecho nada constructivo por nosotros; entonces buscamos cesar en el trabajo, reflexionando de la siguiente manera, más o menos: "Ya he cumplido, mis hijos están logrados o por lo menos ya se independizaron, ya no tengo obligaciones con nadie, gozaré de mi descanso esperando la muerte porque ya no hago falta a nadie..." Me pregunto: ¿valió la pena vivir así?

Y como si esto fuera poco, los hijos hacen lo imposible para que sus padres se sientan realmente inútiles y una carga familiar, no permitiéndoles hacer lo que desean. Maltratos y desconsideraciones son lo que reciben, olvidándose aquéllos que un día no muy lejano (la vida en la Tierra es muy corta) si siguen con esa misma actitud, también ellos recibirán el mismo trato y, por ende, buscarán la muerte porque se sentirán igualmente una carga: debe ser muy triste percibir la soledad. ¡Eso no es vivir! La vida hay que vivirla todos los días con plenitud, gozándola cada instante durante nuestro trabajo y en los momentos de descanso. Hemos venido a ser felices y debemos lograrlo no permitiendo que los obstáculos nos abatan, que las dificultades que encontremos en el camino sean experiencias para seguir creciendo. Esta actitud positiva la lograremos conscientemente meditando seriamente, en los siguientes interrogantes:

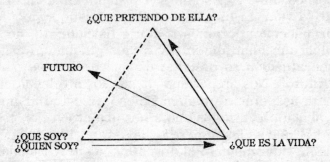

Cuando comprendamos de alguna manera, cuando tengamos aunque más no sea una idea vaga de estas tres incógnitas, aparentemente muy simples de contestar, entonces sí podremos orientar nuestras vidas debidamente, en la dirección correcta, para cualquier campo de la actividad humana. Sabremos lo que realmente somos... Es, pues, fundamental recordar y respetar la dignidad humana: ellos como los niños, son nuestro futuro...

Investigación porque es necesario conocer y recuperar el pasado cosmogónico y cosmológico Quechua para una mayor comprensión de nuestra realidad pasada, presente y su proyección al futuro. Nuestra raza ha perdido el contacto con la tradición y ya no conoce nada de sus ancestros; ignora qué fue y se asimila con muchas dificultades a nuevas formas de vida. Es necesario también, dadas las circunstancias que vivimos ahora, conocer otras escuelas de vida, existentes en diferentes países y continentes. Conocer y recuperar asimismo, sistemas medicinales que emplearon nuestros antepasados en bien de la salud del pueblo, por ende, plantas medicinales nativas y extrañas. Todas las prácticas medicinales pasadas, actuales y futuras, deberán ser utilizadas en la medida en que sean necesarias. La medicina preventiva seguirá siendo la mejor. Del mismo modo, la investigación agrícola será otro objetivo con la finalidad de lograr más y mejores alimentos naturales, recobrando especies nativas de gran poder nutricional como alternativas para mejorar la dieta. En fin, investigar y asimilar todo lo que sea bueno para todos. Investigar con humildad; pasar de la ignorancia al aprendizaje, para luego ingresar en la sabiduría. No olvidemos que el conocimiento es el resultado del aprendizaje; los cinco sentidos descubren y experimentan. La comprensión es la facultad para apropiarse del conocimiento como base de sabiduría, que deberá estar acompañada por una manifestación y expresión en la práctica y en la obra: el conocimiento como la riqueza deben emplearse en servir. La sabiduría es el desarrollo de la vida dentro de la forma, es decir, la asimilación intuitiva de la verdad; debemos llegar a este estado de conciencia.

Desarrollo personal, porque todos los que libre y conscientemente se integren a Samana Wasi, para ayudar sirviendo al necesitado, en un determinado momento tendrán que mirarse a sí mismos y preguntarse ¿qué son?, ¿saben realmente quiénes son? ¿son esa apariencia física o algo más? Tendrán que preguntarse también ¿qué creen que es la vida? ¿Es ese lapso de cincuenta, setenta o cien años, nada más?, ¿o tiene otra dimensión mayor? Tendrán que aprender; estará dada la oportunidad de crecer espiritualmente por medio de prácticas, actitudes, ejercicios que despertarán sus facultades dormidas, para luego armónica y equilibradamente, salir a trabajar en bien de la humanidad. Este desarrollo personal es muy importante.

Samana Wasi, será un lugar donde el necesitado encuentre paz, tranquilidad, comprensión, que luego de su recuperación psicofísica retorne a sus actividades con otra mentalidad: la del servicio; porque indudablemente además de atender a niños y ancianos que son su razón de ser, deberá también pensar y recibir a personas que por sus tensiones nerviosas, producto del medio ambiente en que se desenvuelven, están al borde del desequilibrio psíquico, por consiguiente, físico. Estos hermanos necesitarán el apoyo de Samana Wasi para recuperar su estabilidad. Mucha gente sufre porque no comprende qué es lo que está sucediendo consigo misma o a su alrededor y sobredimensiona sus problemas, sobrevalora sus sentimientos y como consecuencia de ello entra en la desesperación, luego sigue la obsesión y termina en un desquiciamiento total, lo que resulta injusto para ella misma y los suyos. Esta gente necesita el calor de un ambiente donde se la reciba con mucho amor y consideración. Ese lugar tendrá que ser Samana Wasi, un sitio donde olvide sus dificultades y aprenda a pensar primero en sí misma, que es lo más importante en esta vida, lo demás está después de ella. Primero es su vida, su salud; sin ella no podrá atender y resolver todo lo demás. Estoy seguro que de allí saldrá un nuevo hombre, sin fronteras, dedicado a hacer el bien y enseñar con el ejemplo: más vale uno que obra que un millón de los que tan sólo sienten y hablan... El sentir y hablar de nada sirven si no mueven a la acción. Esta es una misión que hay que tangibilizarla en bien de todos. Deberá crecer sin límites de ninguna clase. Los detalles de su organización como su sostenimiento te corresponden solucionar; no será fácil, pero debes hacerlo... Ahora ve a almorzar y prepárate para mañana, que será el último día entre nosotros y el primero de una nueva concepción de vida, porque de todas maneras te irás llevando experiencia y conocimientos, de los que podrás hablar y escribir con mucho cuidado. Hay verdades que no mencionarás aún porque pueden mal interpretarse y en lugar de ser beneficiosas, causar problemas.

Salí no sin antes agradecerle una vez más por tanta bondad. Ya me esperaba Chaska, como siempre muy amable, para almorzar. Durante ese lapso me ensimismé tanto que no me di cuenta de que habíamos comido y no conversamos nada; al final ella rió sonoramente y le pedí disculpas por "mi ausencia". Comprendiendo, dijo:

— No te preocupes, pues a mí también me pasa lo mismo, sobre todo, después de escuchar a Nina Soncco o a mi padre.

Aprovechando la coyuntura pregunté por el último de los nombrados, pero como en oportunidad anterior, tampoco obtuve respuesta y como si no me hubiera escuchado habló refiriéndose a los últimos momentos que pasábamos juntos, pues ya no compartiríamos más reuniones como ésa, porque a partir de ese momento no recibiría más alimentos. Por primera vez vi más cerca, realmente cerca mi partida y sentí gran tristeza; la acompañé hasta el arroyo donde lavaba siempre la vajilla y ayudé a colocar todo dentro de una canasta. Al preguntarle si la vería el día de mi partida, me contestó que sí, pese a la hora temprana que sería ésta... Me quedé solo; nunca me había sentido tan solo y triste durante estos días que no tenían tiempo ni espacio para mí. Eran días en un eterno sueño sin fin, sueño que parecía haber llegado a su término. Tenía la sensación de haber vivido siempre ahí y que saldría a un nuevo mundo desconocido por mí. ¿Cuál sería mi actitud al despedirme de Nina Soncco, de María, de Chaska, en fin, de todos los que estuvieran allí en ese momento? ¿Qué debía decirle a Nina Soncco, el maestro, en particular? ¿Insistir tal vez en que me permita quedarme a vivir con ellos? Los quería a todos como si fueran parte de mi familia y lo eran verdaderamente: creo que finalmente aprendí a amar a todos y a todo, pero no me sentía feliz dadas las circunstancias. No me preocupaba si me creerían o no lo que estaba viviendo, simplemente sentía pena por todo lo que iba a dejar. En algún momento Nina Soncco hizo alusión a ese instante:

— Haz únicamente lo que estás haciendo, no huyas de los hechos, vívelos con mente receptiva, instante a instante y luego busca tu lugar en el Universo...

Meditaré sobre estos pensamientos en las horas que me quedan, pero sigo triste, siento pena, desasosiego. Traté de encontrar un poco de paz y salí a caminar sin dirección alguna; subí y bajé montañas cercanas sin apuro. El día terminaba. ¡Qué bello atardecer! En el silencio del ocaso se podían escuchar los latidos de mi corazón, acelerados por el esfuerzo de la caminata. Ya en la choza me aseé un poco; afuera corría un viento frío. Me recosté en la cama, pensando en un sinfín de cosas; estaba un poco más animado. Sentí sueño, así que me cubrí con mi poncho, no necesitaba más, el ambiente era cálido, había fuego en el fogón y me dormí...

# Séptimo Día

**INICIACION**

Un día bello como todos los que pasé en esta pequeña y casi inadvertida aldea andina. Sentía felicidad y al mismo tiempo tristeza, pues era el último que pasaba en compañía de Nina Soncco, sabio y humilde campesino, maravilloso hombre, excepcional, un verdadero maestro cuya sola presencia inspiraba respeto, veneración y mucho amor. Tenía la apariencia de un ser débil por su edad, sin embargo, un portento de energía y fuerza cuando empezaba a hablar; se iluminaba y se convertía en un gigante de los Andes misteriosos (¡qué cosas no guardan éstos en sus entrañas!). Le pedí en más de una oportunidad que me permitiera quedarme a vivir con ellos, su respuesta fue definitiva ayer, de modo que tengo que marcharme de todas maneras mañana. Hoy no desayunaré, anoche tampoco cené; sin embargo no tengo apetito, estoy intranquilo, presiento que algo más importante aun que lo sucedido en todos estos días acontecerá para mí en unos momentos más. Algo trascendente para mi vida ocurrirá; estos siete días quedarán grabados para siempre en mi corazón y en mi memoria. Creo que estoy preparado, por lo menos hice todo lo que me indicó el maestro y seguiré en meditación hasta que me llame. Son las seis de la mañana. ¡Sorpresa! ¡Acaba de entrar Chaska a quien creí no ver ya hasta el momento de mi partida! Por disposición de Nina Soncco debía tomar un mate. ¿De qué hierba? Ni idea, aromático y agradable. Me dijo que en una hora, es decir a las siete, me esperaba el maestro en su choza; así que después de beber el líquido caliente arreglé mis cosas y con mi libreta en la mano salí a la puerta para observar quizás por última vez la plazoleta con su añejo y enorme pisonay ubicado en el centro. La aldea todavía dormía, las chozas en silencio parecían centinelas inmóviles a la espera de alguna orden. Se escuchaba el murmullo del riachuelo donde me aseaba diariamente y jugué en más de una oportunidad con los niños de la aldea; sentí cierta nostalgia; volví por mis pasos para repetirle a Chaska ñahui que éstos sí eran los últimos momentos que pasábamos juntos; le agradecí con mucho reconocimiento todo lo que había hecho por mí con tanto cariño para hacer mi estancia más agradable aun; se sonrió con esa sonrisa tan familiar para mí: sus enormes ojos negros brillantes como dos estrellas me miraron con amor, me dijo que seguramente en la noche nos veríamos aún, como en la madrugada del día siguiente antes de que partiera. Salió sin despedirse y desde la plaza, con voz fuerte para que la escuchara, dijo:

— Esta noche nos veremos...

Y así fue...

La espera resultó muy larga, los minutos no avanzaban; parecía que las siete no llegarían nunca, así que opté por caminar lentamente para darle tiempo al tiempo, en dirección de la choza del maestro, a la que seguramente iba a entrar también por última vez, pero ésta estaba demasiado cerca, así que me paré a unos metros de la puerta; escuché voces dentro, lo que significaba que Nina Soncco no estaba solo; salió uno de ellos seguramente intuyendo mi llegada; no lo conocía; era aproximadamente de mi estatura y unos cincuenta años de edad; de "cabellos canos" (extraño en ellos). Al contestar mi saludo me invitó a entrar en la vivienda; eran siete con Nina Soncco, todos me contestaron el saludo con una sonrisa, dos de ellos me tomaron de los brazos y el "canoso" me dijo:

— Hoy es un día muy importante y especial para ti.

(Era un siete del primer mes del año, que no olvidaría nunca.) Con la autorización y venia de Nina Soncco, Illac Uma de la Hermandad Solar, por petición de mi padre, sería aceptado y convertido en miembro activo de esta comunidad llamada de "Los Hijos del Sol"... Todo empezó tan de inmediato que no tuve tiempo de reaccionar, me emocioné al escuchar el nombre de mi padre y deseaba su presencia. No podía respirar, tenía "un nudo en la garganta". Nina Soncco dándose cuenta de los apuros en que estaba, se acercó, me recibió la libreta de apuntes y me dijo:

— No la vas a necesitar.

Me abrazó para tranquilizarme —lo logró, desde luego—. Me invitó a sentarme a su lado, en una banca ubicada frente a su cama y ocurrió algo verdaderamente insólito, algo que me hizo pensar que estaba viviendo otra fantasía más. Era increíble lo que estaba viendo... Retiraron la cama de este patriarca y luego unos cueros de oveja que se encontraban debajo de la misma, cubriendo una entrada subterránea, a no sé dónde. Inmediatamente el "canoso" me cubrió los ojos con una tela tejida en la misma aldea, de color violeta, que no permitiría ver nada; me or-

denó que me agachara y supongo que luego bajé por
unos peldaños de tierra húmeda, resbaladizos. Me
agarraban fuertemente de los brazos; empezamos a
caminar lentamente. El ambiente era húmedo; pasamos
por un lugar donde había mucha agua, me mojé
los pies, parecía que llovía; caminamos unos pasos
más y me hicieron sentar sobre una piedra; mis pies
estaban húmedos, pues habíamos caminado un trecho
largo prácticamente sobre barro. Me dejaron solo;
hubo un silencio que me pareció interminable. Sorpresivamente
escuché una voz que fuertemente dijo:
— ¿Qué eres?

(Estas palabras retumbaron en lo que parecía
una habitación, había eco, sentí unos pasos que se
alejaron lentamente. Casi de inmediato escuché otra
voz tan fuerte como la anterior.)

— ¿Quién eres? —me preguntó y desapareció rápidamente
sin eco; parecía que corría... Nuevamente
la quietud. ¿Qué soy? ¿Quién soy? repetía en silencio.
¿Sabía realmente quién o qué era? La respuesta
parecía obvia, muy simple; sin embargo no pude contestarla
porque no era precisamente lo que yo suponía;
necesitaba reflexionar sobre ello con más detenimiento.
Nuevamente otra voz fuerte me sacudió de
un momento a otro, con una incógnita más:

— ¿Qué es la vidaaaaaa...? (que se fue apagando
paulatinamente, poco a poco, como si se alejara y retornó
bruscamente con potencia).

— ¿Qué esperas de la vida?

(Se calló repentinamente, después de unos segundos
oí el murmullo de varias voces lejanas que
me decían suavemente):

— Investiga, busca, sé solícito, ayuda, sirve y crecerás...

(Repetidamente, con insistencia.) Violentamente
se movió la piedra donde estaba sentado y caí de
bruces sin atinar a agarrarme de algo —no sé de qué

pues no veía nada—. Apoyé las manos en el piso que estaba totalmente barroso para pararme, pero en ese momento sentí dos brazos fuertes que me levantaron y prácticamente a rastras me llevaron unos metros, lavaron mis manos y nuevamente sobre la misma u otra piedra me sentaron. Tuve la impresión de que se habían marchado, estaba solo; estiré los brazos como para encontrar algo que me diera por lo menos idea de dónde estaba. ¡Sentí un escalofrío tremendo en todo el cuerpo!, toqué una mano fría, aparentemente sin vida, me quedé inmóvil, luego al calmarme un poco me di cuenta de que era el cuerpo de una persona echada sobre una enorme piedra que hacía de mesa; di toda la vuelta a su alrededor y al no encontrar la otra piedra para sentarme, tuve la tentación de quitarme la venda de los ojos, instante en que alguien me ayudó a sentarme... Ocurrieron muchas cosas extrañamente bellas que no puedo seguir narrando. Al final me quitaron toda la ropa y la venda, sin permitir que los viera. Señaláronme una salida para que vaya a bañarme. Salí, otra sorpresa más de las tantas que había visto y pasado; era el río que visité en días anteriores ubicado hacia el sur al final de la aldea y la meseta. Esto me hizo pensar que el túnel era realmente largo; me bañé y volví, pero... ¡No encontré la entrada a las galerías subterráneas! Supongo que serían las tres o cuatro de la tarde, el sol se encontraba a unos 45° del poniente, busqué ya con mucha preocupación varias veces, había vegetación pero no tanta como para no ver una entrada. Además cuando salí vi que ésta era amplia; en fin... Miré hacia el río tratando de tranquilizarme e intentar orientarme mejor; cuando giré la cabeza hacia la meseta alta, me encontré con dos campesinos que no conocía, me miraron amigablemente y... La venda cubrió nuevamente mis ojos, me dejé conducir; sentía mucho frío, me pusieron unas sandalias y una especie de manta en los hombros cubriéndome la espalda. A medida que avanzábamos, el ambiente se ponía agradable, hasta que sentí calor. Nos detuvimos unos instantes; silencio... luego me quitaron la manta y la venda; empezaron a vestirme con un atuendo muy bello. ¡Creo que habíamos retrocedido cien o mil años! ¡Qué esplendor el que se veía! Eran doce, reconocí al "canoso". Entre el maestro Nina Soncco y yo había un ara extraño, en punta, de piedra labrada, aproximadamente de un metro y medio de altura. Tenía forma piramidal en la parte superior, descansaba sobre un cubo y éste sobre un círculo: todo el conjunto en piedra labrada; la finura de sus ángulos y rectas me recordaban a los que se ven en Pisac y Ollantaytambo; de un color casi rojizo. ¡Qué belleza! El vértice de la pirámide sostenía, con una especie de abrazaderas, algo así como un pucu pequeño y hondo, de metal amarillo, tal vez de oro, muy brillante, en el que ardía carbón vegetal, dando una llama de color azul muy transparente. Alrededor del ara había cuatro columnas de madera, clavadas en el suelo, más o menos de un metro de altura, sosteniendo otros depósitos con fuego. La vestimenta que lucía Nina Soncco era impresionante y lo hacía más alto. Todos vestían ropa brillante y de colores muy vivos. Luego de unos minutos de silencio en que terminaron de vestirme, Nina Soncco dijo:

— Pon la mano izquierda sobre el fuego del ara.

(Así lo hice; el "canoso" empezó a hablar algo que no entendí momentáneamente, luego su voz se hizo más clara, retumbando nítidamente dentro de mi cabeza. Todos en círculo alrededor del ara agarrados de las manos, parecía que giraban... entonando una melodía mántrica, que fue tomando más forma y fuerza. Todo mi cuerpo vibraba... Las cosas que me rodeaban, aunque continuaba viéndolas, se pusieron diáfanas, transparentes, ya no me impresionaban por sí mismas; me parecía que simbolizaban otra cosa; en realidad lo que percibía era una energía; la fuerza única que atraviesa todas las cosas; para mí una revelación definida, concreta de la unidad universal en la fuerza que yo no había captado hasta ahora más que de un modo intelectual. Esta fuerza de pronto penetró en mi vida como una real experiencia, era algo más que las palabras, sustancia viviente que me llenó hasta los bordes. Es vivir "aquella cosa" más allá de las palabras; éstas aunque cubran esa sustancia no valen nada... El animalito más pequeño está movido por la misma energía desconocida que me mueve a mí mismo... ¡Me veo a mí mismo, pero como si me hubiera escapado de mi propio cuerpo! ¡Es una luz brillante! ¿Qué es? Un estado carente de toda imagen. Ahora todo cambia de aspecto; es un tiempo que ya no existe o que jamás existió; es un tiempo sin edad. Creo que es una vuelta al origen... "Buscándote muchos años de mi vida... me encontré a mí mismo... Es ser plenamente lo que somos en esencia. La sabiduría concierne únicamente al Yo y el conocimiento al no-yo...")

La enseñanza primitiva es correcta en su esencia, aunque ha sido minimizada en su interpretación...

Escuché una voz lejana que me decía:

— Cuando despiertes te darás cuenta de que todo fue un sueño... Hay Leyes superiores que gobiernan nuestras experiencias y que nos muestran el camino del Dar y no del Obtener; el camino del amor, del auténtico interés por los demás. Varones y mujeres, si lo desean, pueden recorrer este sendero de prueba juntos pero la realización es muy personal, dependerá de cada uno...

(No sé si escuché todas estas reflexiones y pensamientos o si fue mi mente la que las creó; lo cierto es que cuando volví en mí, estaba tendido sobre una manta inca, de color negro y tejido grueso, colocada encima de una enorme piedra labrada a manera de mesa. Al lado mío, en otra mesa parecida y sobre flores silvestres yacía tendido también el cuerpo de otro hombre —creí inicialmente que estaba en los mismos trances míos— aparentemente muerto. No llegaba a distinguir con claridad sus facciones ya que se encontraba a unos cinco o seis metros de distancia y con poca iluminación —ésta estaba dada por unos fogones donde ardía leña, no había humo o se escapaba por respiraderos que yo no lograba descubrir—. Me quedé en esa posición a la espera de que alguien viniera; no demoró mucho en aparecer el "canoso", que me ayudó a levantarme; me preguntó cómo me sentía.)

— Muy bien —le dije— pero sorprendido y confundido con todo lo que estoy viviendo. (En ese momento apareció Nina Soncco acompañado por diez más, bellamente ataviados; una vestimenta impresionante, parecía que tenía adornos de oro, porque cada vez que se movían brillaba emitiendo rayos de luz en todas direcciones. Se colocaron alrededor de la mesa donde estaba colocado el otro hombre. El "canoso" me cogió del brazo izquierdo llevándome al lado derecho del maestro. Me fijé en el hombre echado, estaba muerto, parecía conocido. Nina Soncco, Illac Uma de la Hermandad Solar, dijo con mucha solemnidad y emoción que se le notaba):

— Han transcurrido muchos años ya desde la desaparición de nuestro maestro Amaru Yupanqui Puma, sin embargo, sus enseñanzas cada vez son más actuales.

(¡No podía creer o no quería aceptar lo que en mi mente se estaba gestando en ese momento! Me iba a desplomar, me agarraron de los brazos.) ¡No puede ser! ¡Es Yupanqui Puma! (¡El mismo que yo había visto cuarenta años antes!) ¡Pero esto es imposible! (dije con voz más clara, que ya no podía callar).

— (Nina Soncco me miró con mucha comprensión y tolerancia.) Todo es posible para los que conocemos la técnica de la conservación y la seguiremos manteniendo por mucho tiempo más. Era el ser más importante y el último de los verdaderamente elevados que conocimos. Además descendiente directo de incas poco conocidos en la historia de nuestra Nación, siendo como eran muy evolucionados espiritualmente. Lo ven aquellos a quienes aceptamos y permitimos que ingresen a la Hermandad Solar.

(Nuevamente todos se agarraron de las manos, incluyéndome en el círculo; uno de ellos empezó suavemente a murmurar unas palabras que luego las reconocí y todos repetimos):
— I. a... N.K...

Sentí como una corriente eléctrica en todo el cuerpo, algo que daba la impresión de entrar por mi mano izquierda y salir por la derecha después de haber recorrido mi columna vertebral... La reunión ceremonial continuó con otras sorpresas más, durante no sé cuánto tiempo. Al final me quitaron toda la hermosa vestimenta que me habían puesto y me devolvieron la mía. Vendado nuevamente, empezamos el camino de retorno por las mismas galerías húmedas, hasta subir los peldaños que terminaban debajo de la cama y en la choza de Nina Soncco, el maestro (Illac Uma) a quien llegué a amar como a mi propio padre. (Recién entonces comprendí las lágrimas de mi padre a la muerte de Yupanqui Puma.) Me quitaron la venda por última vez y con sorpresa encontré a Nina Soncco y a los otros seis más, como si no hubiera pasado nada; unos parados y él sentado en aquella banca frente a su cama: todo igual que al inicio del día. Ya era de noche, me invitó otra vez a sentarme junto a él, mientras los demás entraban y salían sin apuro de la choza. Luego de un lapso más o menos corto, el "canoso" me pidió que lo siguiera;

salió en dirección de la plazoleta de la aldea. La noche estaba adornada de estrellas; no hacía frío; nos paramos frente al pisonay. En unos minutos más llegaron los otros, acompañando a Nina Soncco que se sentó sobre el césped; todos lo imitamos en círculo. En esta ocasión me regaló con bellas palabras, recordándome insistentemente la responsabilidad que había contraído y la misión que ya presentía de alguna manera. Le agradecí por sus palabras, como a todos por la compañía y ayuda durante ese último día; a él nuevamente por la oportunidad que me brindó y el alto honor conferido... ¡Era uno de ellos! ¡Qué emoción! No había presentido hasta ese instante la presencia de Chaska, me alegró verla. Me alcanzó muy sonriente un pocillo lleno de un mate caliente (por lo menos eso pensé). Era un buen obsequio después de tener tantas horas vacío el estómago. Le pedí a Nina Soncco permiso para beber. Tenía un sabor un tanto amargo, tal vez aceitoso, me produjo náuseas, tuve que controlarme y terminar apurando los sorbos, porque supuse que así debía ser... No recuerdo más, pues caí de espaldas; sentí brazos que me tomaban de los hombros y me tendían sobre el césped... Luego me levanté sin dificultad; sin darme cuenta ya estaba parado, no tenía peso. ¡Vi mi cuerpo tendido! ¡Empecé a elevarme! ¡Tuve miedo! pero al mismo tiempo era consciente de que estaban otras personas conmigo, cuidándome... Escuché una voz de aliento y vi muchísimas cosas de belleza indescriptible, los colores tenían vida y se movían; todo tenía vida... Bueno, así fue...

Al día siguiente me despertó Nina Soncco, como nunca lo había hecho anteriormente. ¡Yo estaba en mi cama! Supongo que ellos me dejaron allí la noche anterior. Salí a asearme; se veían aún las últimas estrellas que despedían la noche y daban paso a un nuevo amanecer. ¡Para mí el inicio de una nueva vida!

— Hijo mío —me dijo sensiblemente emocionado.
— Hoy debes marcharte, es posible que no nos veamos más. No deberás volver si no te llamamos; en todo caso tendrás noticias nuestras cuando sea necesario. Estarás presente siempre en nuestros pensamientos y en nuestros corazones ya tienes un lugar. En todas tus actividades estaremos apoyándote. Mantente constantemente equilibrado, armónico y en paz contigo mismo en cualquier circunstancia que vivas, por muy difícil que ésta sea. Solamente desde el centro podrás ser justo y equitativo. No será fácil tu vida, no lo fue en el pasado; tampoco serás muy comprendido, más aún, serás vituperado. Busca a los verdaderos hombres, no a los que parecen serlo, no a los que se venden por una mejor posición o comodidad. Encontrarás amigos, aquellos que verdaderamente aman, aquellos que cuando te equivocas te ayudan a superarlo haciéndote notar la falta, aquellos que cuidan tu nombre cuando estás ausente. Esos hombres serán necesarios permanentemente para toda actividad en bien de los demás. Eres nuestro hermano menor; ya sabes todo lo que debes hacer, hablar con mucha cautela, con tino y sin ofender a nadie, pero, fundamentalmente hablar para decir algo, algo que sea beneficioso para los demás. Obrar con humildad y rectitud; que la enseñanza sea también un aprendizaje para ti: el ejemplo es la mejor escuela. No olvides que hay Leyes universales que vigilan todo y no perdonan nada. El efecto es siempre consecuencia de una causa.
— Es el momento de las actitudes positivas, de las decisiones y del obrar. Ya no es tiempo de teorías, el hombre se intelectualizó demasiado pensando que era lo mejor, y lo bueno es actuar, no seguir solamente pensando y sintiendo... No olvides también que tus hermanos están en toda la Tierra, esparcidos en su faz y a todos hay que servir por igual.

Me abrazó con mucho amor, con el calor de su propio nombre; su esposa también lo hizo —que había llegado no sé en qué momento en compañía de Chaska—. Ya amanecía, salimos de la choza, hacía falta aire para respirar... Había un caballo ensillado parado junto a José Pumaccahua, a quien no veía desde el primer día; nos saludamos. Abracé a Chaska que me correspondió con un beso en la mejilla: fue muy buena conmigo, todos lo fueron.

— Mi padre estuvo ayer a tu lado, me dijo sorpresivamente.

—¿El de cabellos blancos?, pregunté con curiosidad.

— Sí.

(Calló, estaba llorando. Le agradecí por la última información y le di un beso. Lamentablemente no observé más acuciosamente al "canoso". ¡Era el que reemplazaría algún día a Nina Soncco! ¡El futuro Illac Uma!)

Partimos caminando de retorno a este otro mundo, jalando de las riendas al caballo que perezosamente empezaba a moverse. No veía el camino o las lágrimas no me lo permitían... Dejé con mucha pena aquella bella, pequeña y extraña aldea que me llenó de vida durante siete días. A medida que subíamos el cerro la veía más hermosa pero distante, como si ella se alejara de mí asegurándose de que no la alcance... Traspusimos la montaña con sus pequeños descansos de piedra labrada y desde ese momento desapareció la aldea de mi vista; quién sabe no la vería más... Ríos, quebradas, montañas, bellos paisajes me esperaban en el trayecto de regreso, que duraría aproximadamente tres días, por la lentitud del viaje. No hablamos nada, las palabras no eran necesarias; mi mente había quedado atrás con mi corazón, además, los gestos de José eran de por sí solos muy convincentes: yo agachaba la cabeza y él me cubría nuevamente los ojos con aquel pedazo de tela negra que ya conocía (supongo que era el mismo), en los lugares que él consideraba oportunos, con la única salvedad de que esta vez sí me dio una pequeña explicación:

— Te cubro los ojos para que no te sientas tentado de volver en cualquier momento sin que te llamemos.

(Tal vez tuvo razón. El viaje duraría un día más de lo acostumbrado para desorientarme.)

— Lo siento, pero ésas son las órdenes de Nina Soncco. Somos humanos y podemos fallar; por eso tenemos que asegurarnos de que todo salga bien y sin problemas. Tendrás que aprender a esperar con paciencia.

Así es que a tientas me dejé guiar por los caminos que solamente él conocía. Me quitaba la venda para descansar, comer o dormir bajo enormes piedras o cuevas, cuidándose de que no fueran puntos muy visibles que me sirvieran. No sólo fue un volver lento, sino peligroso, pues en muchas circunstancias teníamos que pasar por lugares tan angostos que íbamos uno tras el otro o prácticamente tendidos en el suelo; en ocasiones caminando por riachuelos, no sé si deliberadamente o no, lo cierto es que demoramos cuatro días y medio. Llegamos a Chupani cuando el sol estaba en su meridiano... Era la última parada, estábamos agotados; a manera de descanso almorzaríamos ahí, además creo que fue un buen pretexto para estar juntos unos minutos más.

Las montañas me parecieron diferentes: el Tantanmarca y el Kuntur Sencca, semejaban ser más altos aún; mientras que el Tacllancca y el Pujcru bajaban humildemente sus cimas hasta perderse en el llano. Los dos riachuelos Pachac y Sutoc que amorosamente protegen la meseta de Chupani, daban la impresión de llevar en sus aguas cristalinas más energía burbujeante en competencia, para constituir seguidamente el Pumahuanca que da vida a la flora, fauna y la gente que habita en sus orillas. Llegó finalmente el momento que no deseaba que llegara, el único y último vínculo con la aldea; José Pumaccahua debía marcharse de retorno a su hogar. Me abrazó fuerte y cariñosamente, con aquel abrazo que dan los hermanos y los amigos, amorosamente y en la forma tan peculiar como solían hacerlo con mi padre. Al corresponderle con emoción y mucha simpatía, le dije que no lo olvidaría y le agradecí por todas sus gentilezas. Era un hombre parco, pero que cuando deseaba expresar sus sentimientos, lo hacía tan manifiestamente que cualquiera podía captar su calor. Lo vi partir cuesta arriba, jalando parsimoniosamente su caballo, que no llegamos a usarlo en ningún momento. Estaba apurado, no quiso quedarse a descansar ni un solo día; por momentos se perdía en la vegetación o en alguna ondulación del terreno para volver a aparecer nuevamente (Chupani tiene esas "quebraditas"), hasta que definitivamente se perdió tras el Korihuayrachina; subí sobre una piedra enorme para ver si desde ahí lo localizaba aún; ya no, no lo vi más... Tuve que continuar solo el último tramo que me separaba de Samana Wasi, el hogar donde se encontraban mis padres, que seguramente me estaban esperando. Tenía muchos deseos de verlos pronto, así que apuré los pasos. Al atardecer de ese cuarto día, cruzando algunas chacras para acortar el camino, llegué a la puerta de la casa; antes de que la tocara se abrió, ¡era mi madre! que como toda madre intuyó la proximidad del hijo. La abracé y besé efusivamente; fue tal su alegría que desde luego todos se enteraron rápidamente de mi llegada. Mi padre salió de su dormitorio, nuestras miradas se cruzaron y se empañaron los ojos. Lo abracé fuertemente como nunca lo había hecho antes y en la forma como se abrazaban "ellos". No fue necesario ningún comentario...

Antón Ponce de León Paiva y su esposa Regia con la primera niña que llegó a la Fundación

Vista de SAMANA WASI que en la actualidad alberga 8 niños

Señores: Fundación Samana Wasi

    Sírvanse encontrar adjunta, mi donación para los proyectos de desarrollo de vuestra comunidad:

Importe:..................................................................

Forma:

    Giro:............. Cheque personal:...................
    Otros:................

Nombre del donante:..................................................

Dirección:..................................................................

## FUNDACION "SAMANA WASI"

La misión recibida de Nina Soncco en el sexto día de mi iniciación con los Maestros Quechuas, es ahora una realidad.

Hemos comenzado la primera etapa de nuestro proyecto: Albergar a niños y ancianos abandonados, para desarrollar en ellos un verdadero despertar espiritual, en un ambiente de protección y autorrealización, en nuestra casa, ubicada en el Valle Sagrado de los Incas (Urubamba).

La segunda etapa, será desarrollar la investigación y enseñanza de las antiguas técnicas agrícolas incas que nos permitan recuperar alimentos, hoy perdidos. Así como las artes curativas y herbolaria incas.

En nuestra tercera etapa, cumpliremos nuestra misión del Quinto día: El Desarrollo de la Hermandad Solar (Intichurincuna). Una escuela de misterio de las enseñanzas esotéricas incas.

Vuestras donaciones serán bienvenidas, para hacer realidad nuestro proyecto.

ANTON PONCE DE LEON PAIVA

Señores:
FUNDACION SAMANA WASI
Casilla Postal 575
CUSCO-PERU
SUDAMERICA

# OTRAS OBRAS DEL SELLO EDITORIAL

## CUENTOS INFANTILES

Ami y Perlita - *Enrique Barrios*
Gota de Luz - *Gislaine María D'Assumção*

## Colección Valores Humanos

Un Rayito de Luz en la Ventana - *Ernesto Spezzafune*
El Día que el Sol no Quiso Irse a Dormir - *Ernesto Spezzafune*
Mi Primer Lápiz - *Ernesto Spezzafune*
Gotina. "Solo Siendo Río se Puede Alcanzar el Mar" - *Ernesto Spezzafune*
La Ciudad de la Suavidad - *Esther Inés Loeffel de Manjon*
El Arbol del Tronco Inclinado - *Eugenia Calny*
Que Sueñes con los Angelitos - *Ernesto Spezzafune*
Los Bichitos del Arroyo - *Ernesto Spezzafune*

## CUENTOS PARA COLOREAR EN VALORES HUMANOS

### Colección Pintasueños

**Serie Grande**
Un Viaje en Globo - *Ernesto Spezzafune*
La Ranita del Violín - *Ernesto Spezzafune*
Un Castillito en el Cielo - *Ernesto Spezzafune*
Mensaje a los Piratas - *Ernesto Spezzafune*
El Tren a las Nubes - *Ernesto Spezzafune*
Magia en el Jardín - *Ernesto Spezzafune*
La Torta de Cumple - *Ernesto Spezzafune*
La Calesita - *Ernesto Spezzafune*
Mi Amigo el Robot - *Ernesto Spezzafune*
Las Casitas Felices - *Ernesto Spezzafune*
Viajando con Ami - *Ernesto Spezzafune*

# OTRAS OBRAS DEL SELLO EDITORIAL

**Serie Mediana**
La Banda de Tamborín - *Ernesto Spezzafune*
El Aeroplano Juguetón - *Ernesto Spezzafune*
Mi Muñeca Patilarga - *Ernesto Spezzafune*
La Selva Encantada - *Ernesto Spezzafune*
Un Día de Vacaciones - *Ernesto Spezzafune*
El Reloj Despertador - *Ernesto Spezzafune*
El Partido de Futbol - *Ernesto Spezzafune*
La Granja de la Alegria - *Ernesto Spezzafune*
Una Visita al Bosque - *Ernesto Spezzafune*
Ami y el Amor - *Ernesto Spezzafune*

**Serie Chica**
Mi Barquito de Juguete - *Ernesto Spezzafune*
El Taller de mi Papa - *Ernesto Spezzafune*
Un Día de Juegos - *Ernesto Spezzafune*
Juguemos a Armar - *Ernesto Spezzafune*
Los Autitos Mimosos - *Ernesto Spezzafune*
La Selva Feliz - *Ernesto Spezzafune*
Una Vuelta en Calesita - *Ernesto Spezzafune*
El Tren de Fantasía - *Ernesto Spezzafune*
Mi Muñeca Preferida - *Ernesto Spezzafune*
Encuentro con Ami - *Ernesto Spezzafune*

## Colección Pintando con Amor

Florita, La Mariposa
Berilo y sus Amiguitos
Una Función de Circo

## HISTORIETAS

Berilo Nº 1 - *Briet*
Berilo Nº 2 - *Briet*

# OTRAS OBRAS DEL SELLO EDITORIAL

## NARRATIVA

Ami - El Niño de las Estrellas - *Enrique Barrios*
Ami Regresa - *Enrique Barrios*
Cuentos de Amor, Estrellas y Almas Gemelas - *Enrique Barrios*
Y... El Anciano Habló - *Antón Ponce de León Paiva*
Maravilla - *Enrique Barrios*

## ENSAYOS

El Morir Consciente - *Dr. Benito F. Reyes*
Espiritualidad y Ciencia - *Grupo de Estudio - Varios*
Charlas Sobre Meditación - *Dr. Benito F. Reyes*
Evidencia Científica de la Existencia del Alma - *Dr. Benito F. Reyes*
Nacimiento Renacido - *Michel Odent*

## RELACIONES HUMANAS

Aprenda a Hablar en Público - *Víctor Hugo Alvarez Chávez*
Técnicas para Escribir, Leer y Estudiar - *Víctor Hugo Alvarez Chávez*

## TESTIMONIALES

Dios me Habló - *Eileen Caddy*
La Biblia y el Mensaje a los Hombres de la "Nueva Tierra" - *Asociación "Acción y Vida"*
La Palabra Viva - *Eileen Caddy*
Huellas en el Camino - *Eileen Caddy*
Todo es Luz - *Sir George Trevelyan - Dr. Benito F. Reyes - Antony Ellens Moffaj - Dr. John S. Hislop*
Mensajes de Dios de Amor y Esperanza - *Alberto Vasconcelos*
Swami - Un Camino de Amor - *Graciela Busto*
...Y el Dolor nos Dio sus Frutos - *Susana Galperín de Farba*
Comunicación con los Angeles y los Devas - *Dorothy Maclean*

# OTRAS OBRAS DEL SELLO EDITORIAL

## ESPIRITUALIDAD

El Maravilloso Universo de la Magia - *Enrique Barrios*
Mensaje Acuariano - *Enrique Barrios*
La Madre Divina - *Jyotish Chandra Ray*
Servidores de la Luz - *Rhea Powers*
Cimientos de Findhorn - *Eileen Caddy*
Abriendo las Puertas de tu Interior - *Eileen Caddy*

## FILOSOFIA

La Supremacía de Dios - *Ilon Lawson*

## ORIENTALISMO

Manual de Meditación - Cibernética de la Conciencia - *Dr. Benito F. Reyes*
Energía y Autocuración - Técnicas Chinas para la Salud - *Tung Kuo Tsao, Carlos Bazterrica, Ricardo Bisignani*
Medicina Tradicional China - *Mario Schwarz*
Manual Práctico Budista - *Samuel Wolpin*

## PSICOLOGIA

Cortando los Lazos que Atan - *Phyllis Krystal*

## ALIMENTACION

Cocina Natural - *Angela B. Bianculli de Rodríguez*
Alimentación Natural y Salud - *Angela B. Bianculli de Rodríguez*
Nuestro Pan - *Angela B. Bianculli de Rodríguez*
Delicias de la Alimentación Natural - *Carmen Burini*

## POESIA

Charlando Poesía - *Grazia*
A la Luz de la Luz - *Claudia Padula*
Esencia - *Marta Alicia Gangeme*

# OTRAS OBRAS DEL SELLO EDITORIAL

## INTRODUCCION A SAI BABA (Testimoniales)

Sai Baba, el Hombre Milagroso - *Howard Murphet*
Sai Baba Avatar - Un Nuevo Viaje hacia el Poder y la Gloria - *Howard Murphet*
Sai Baba y el Psiquiatra - *Dr. Samuel H. Sandweiss*
Divinas Oportunidades - *Howard Levin*
Sai Baba, Invitación a la Gloria - *Howard Murphet*
Mi Baba y Yo - *Dr. John S. Hislop*
Una Historia de Dios como Hombre - *M. N. Rao*

## ACERCA DE SAI BABA (Testimoniales)

Conversaciones con Bhagavan Sri Sathya Sai Baba - *Dr. John S. Hislop*
De Sai hacia Sai - *M. V. N. Murthy*
Mensajes de Sai para Ti y para Mí - Vol. 1 y 2 - *Lucas Ralli*
Mi Bienamado - *Charles Penn*
¿Quién es un Devoto del Señor? - *M. V. N. Murthy*
Easwaramma "La Madre Elegida" - *N. Kasturi*
Sathyam, Shivam, Sundaram - Vol. 1 - *N. Kasturi*
Sai Baba, La Experiencia Suprema - *Phyllis Krystal*
La Vida es un Juego, ¡Juégalo! - *Joy Thomas*

## OBRAS DE SAI BABA (Enseñanzas)

Enseñanzas de Sai Baba
La Verdad, ¿Qué es la Verdad?
Torrente de Virtud
El Gita
El Sendero Interior, Sadhana
El Bhagavata (Conocimiento Védico Devocional)
Diálogos con Sai Baba
Divinas Palabras - Vol. 1 y 2

# OTRAS OBRAS DEL SELLO EDITORIAL

Meditación en la Luz
Recopilación de los Mensajes de Sathya Sai
Mensajes de Sathya Sai - Vol. 1 a 11
Gotas de Luz - Vol. 1 a 3
Bharat (El Legado Hindú)
Directivas Espirituales
Ramakatha - 1ª Parte

## SERIE VAHINI

Sobre el Amor (Prema Yoga)
Sobre la Meditación (Dhyana Yoga)
La Sabiduría Suprema (Vidya Vahini)
La Senda del Conocimiento (Jñana Vahini)
La Paz Suprema (Prashanti Vahini)
Prasnotara (Preguntas y Respuestas) (Prasnotara Vahini)
El Yoga de la Acción Correcta (Dharma Vahini)
La Senda de la Verdad (Sathya Vahini)

## SERIE CURSOS DE VERANO

Cursos de Verano - Vol. 1 a 6
Rosas de Verano en las Montañas Azules

## EDUCACION EN VALORES HUMANOS

Nosotros, Nuestro Rol y la Perfección Humana
Enseñando Valores Humanos
Límite a los Deseos - *Phyllis Krystal*
Educación Sathya Sai en Valores Humanos - *Sai Baba*
Programa Sathya Sai de Educación en Valores Humanos